家族ふたり、
食費は1か月2万円！

業務スーパー120%活用法

業務田スー子

はじめに

はじめまして、業務スーパーをこよなく愛する非公認大使、業務田スー子です。

業務スーパーはその名のとおり、「食のプロ」御用達のお店でもありますが、私たちのような一般の消費者も利用することができます。世界の国々から直輸入した本場の食材や、国内自社グループ工場で作られるオリジナル商品など、店内には数々の良質な食材が並びます。それが驚くほどの低価格というのだから、人気にならないはずはなく、まさに家計の強い味方。使い倒さない手はありません！

そんな業務スーパーの魅力にとりつかれ、気づけば試した商品数は１０００品以上になりました。

本書では、「ぜひ買い！」の商品だけを厳選し、それらを活用したレシピを紹介しました。「包丁を使わないで作る」「調味料一つで味が決まる」など、手間抜きを追求したレシピになっています。

また、大量の商品を使い切る方法や、お得な商品の見つけ方といった業務スーパー活用術、節約術も随所にちりばめましたので、ぜひ活用してもらえるとうれしいです。

業務田スー子

スー子です
たまです
GO!GO!

まるで宝探し！私のチェックポイント

※レイアウトはイメージです

非公認大使の私が自信をもってオススメします！

業務スーパーは ここがすごい！

業務スーパーの魅力は
なんといっても抜群のコスパ！
まさに「毎日が特売日」です。
ここでは業務スーパーの驚きの
安さの秘密、魅力に迫ってみましょう。

ここがすごい 1

材料から育て、自社グループ工場で製造、だから安い！

注目は自社グループで開発・製造したり、自社グループの農場や養鶏場で育てた原材料を使ったオリジナル商品。原材料の選定から製造までを自社で担うことで、コストや手間をカットしています。

ここがすごい 2

仕入れと流通のコストをカットし商品をさらにリーズナブルに

問屋を通さずにメーカーから直接仕入れたり、
海外メーカーや工場から直接輸入することで、
できるかぎり仕入れコストも削減しています。

ここがすごい 3

海外のめずらしい商品も多数！
まとめ買いするから安い

業務スーパーには、海外のめずらしい食品に出合える楽しさもあります。輸入先はフランスやイタリア、ベルギー、アメリカなど、約40か国！　商品を厳選し、まとめ買いしているから海外のベスト商品をリーズナブルに提供できるそう。その輸入量はコンテナを縦に積んだとすると、１年間で富士山約14個分！

ここがすごい 4

店舗運営のムダ・ロスを
徹底排除

商品や特売情報はチラシではなく、WEBで発信。エブリデイロープライス（毎日がお買い得）がコンセプトだから、曜日ごとの特売や過剰な広告をする必要がないんですね。冷凍食品の什器は自社オリジナルで開発しているそう。段ボール陳列を取り入れるなど、店舗運営のムダ・ロスをさまざまな工夫で削減することで、商品の低価格につなげているんですね。

ここがすごい 5

オリジナル商品が多数！
行くたびに新しい発見がある

業務スーパーの魅力は安さ、そしてオリジナル商品にあり！　牛乳パックデザートシリーズやビッグサイズの加工食品など、ほかにはないオリジナル商品が登場しては、次々とヒットしています。買い物に行くたびに新しい発見があるので全然飽きない！　これまで私は1000品以上の商品を購入、ブログでレポートしました。

日々のやりくりをお見せします!

食費1か月2万円生活のコツ

スー家の食費は大人ふたりで1か月約2万円。
大食い家族なのにこの金額で収まっているのは、まさに業務スーパーのおかげ。食費を抑えるための心がけを紹介します!

コツ 1 とにかく自炊!

●食べることが大好きな我が家族。外食だと少量すぎて足りないのです(ランチでも1食1人1000円以上…泣)。コスパ抜群の飲食店もあるけれど、自炊して好きなだけ安く食べるのが幸せのコツ!

●スーパーなどの総菜コーナーをチェック。気になるものは材料や盛り付けを見て、自宅で再現するのが趣味。

コツ 2 調理をラクにする

●「時間がない」「料理をするのが面倒くさい」という日もよくあります。そんなときにオススメなのが冷凍食品。冷凍野菜や魚介類は下ごしらえの手間がなく、調理も簡単。コロッケなど、調理済みの冷凍食品もアレンジを加えたりしながらおいしくいただきます!

●半調理品も積極的に活用。すべての食材を揃えて一から作るより、半調理品を使ったほうが時間もお金もじつは節約ってことも少なくない!

コツ 3

業務スーパーを使いこなす！

●業務スーパーを使い倒して食費を節約！

●コスパ抜群なだけでなく、冷凍食品や半調理品が種類豊富なのもよいところ。最近は外食するほうが安い？ いえいえ、業務スーパーの安さに驚くなかれ！

●大容量低価格商品をフル活用。使い切れるか心配になるかもしれませんが、大丈夫。使いこなす方法はあります！

コスパ抜群だし
冷凍食品半調理品の種類が豊富〜

一度に大量に作って冷凍が基本
まとめてやるほうがラク！

コツ 4

一度に大量に作って冷凍する

●光熱費の節約と調理時間短縮のため一度に大量に作って冷凍しています。にんじん半分でも1本でも、刻む時間や手間はほぼ同じ。まとめてやるほうがラク。

●冷凍・解凍調理するときはひと手間加えておいしく！

もくじ

はじめに …… 2
業務スーパーはここがすごい！ …… 4
食費１か月２万円生活のコツ …… 6
この本を使う前に …… 14

Chapter 1 節約編 とにかくすごい！業務スーパーのコスパ

冷凍鶏肉が品質よしで激安！国産鶏肉とW使いがオススメ！ …… 16
どデカイからあげ …… 18
炊飯器で南海チキンライス …… 18
えびじゃないのＹＯ!! 鶏チリ …… 19
ヨダレが止まらんよだれ鶏 …… 20
奄美の鶏飯 …… 21

きしめんに、そばに…魅惑の麺19円シリーズと冷凍讃岐うどんを攻略！ …… 22
そば稲荷 …… 24
麺そーれ!! 沖縄そば風 …… 24
麻婆焼きそば …… 25

冷凍讃岐うどん（5食入り）で平日うどん生活
すき焼き風焼きうどん …… 26
冷しゃぶキャベツうどん …… 27
ツナラーのパパッとうどん …… 27
辛うまビビンうどん …… 28
うどボナーラ …… 29

もう業スー以外で買えないとの声、続出！
お得なウインナー …… 30

エッグソーセージマフィン …… 32

手間いらずの時短ミートソース …… 33

スパイシーミニドッグ …… 34

本当のタコさんウインナー …… 35

そのまま食べてもよし！
調理にも使える焼き鳥シリーズ …… 36

焼き鳥串の親子丼 …… 38

焼き鳥グラタン …… 39

１人前だけレンチン茶碗蒸し …… 40

フライパンチーズタッカルビ風 …… 41

ごちそう感がグンとアップ！ 合鴨&スモークチキン

合鴨パストラミのせ和風パスタ …… 42

スモークチキンのバインミー …… 43

合鴨ロースの雑煮 …… 43

いざ缶詰対決！
かに缶 vs. さば水煮缶 vs. オイルサーディン …… 44

かに缶トマトクリームパスタ …… 46

オイルサーディンでキャンプ飯 …… 47

さば缶ペペロンブロッコリー …… 47

購入点数は１０００点超え！
スー家の定番入り冷凍食品 …… 48

ソースしみしみカツ丼 …… 50

コロッケ卵とじ …… 50

厚さが絶妙！ カツサンド …… 51

白身魚のタルタルフィオレ …… 52

フライドポテト肉じゃが …… 53

肉巻きフライドポテト …… 53

もう下処理はいらない！調理が手軽すぎるお魚シリーズ …… 54
巻き簀なしのさば棒寿司 …… 56
丸ごと赤魚の煮付け …… 57
白身魚のムニエルとカレーマッシュポテト …… 58
まぐろユッケ …… 59
冷凍まぐろでねぎとろ丼 …… 59
Column 1 知る人ぞ知る人気商品！日用品セレクション① …… 60

Chapter 2 手間抜き編 業務スーパーだからできる超・時短調理

時間がないときの強い味方、冷凍野菜を使い倒す …… 62
さといもとしょうがの炊き込みごはん …… 64
さといもミートグラタン …… 65
かぼちゃとクリチのデパ地下風サラダ …… 65
かぼちゃのほうとう風 …… 66
冷凍ごぼうで時短鶏めし …… 67
揚げなすの彩りメキシカンサラダ …… 68
ジューシー揚げなすそうめん …… 69
青ねぎ玉 …… 70
オクラの肉巻き …… 70
コーンの軍艦巻き …… 71
洗い物はいらない！まな板なしで使える食品はこれだ …… 72
豚肉で青椒肉絲 …… 74
パラパラミンチの麻婆春雨 …… 75
ミックスベジタブルカレー …… 76

王道のミートボール …… 77
肉だんごシチュー …… 77

混ぜるだけでできちゃう
安うま！瓶からトリオ …… 78
鮭フレークでちらし寿司 …… 80
鶏そぼろで台湾まぜそば …… 81
梁山泊の肉あんかけ炒飯風 …… 81

ポテサラ、メンマ…
調理済み商品はベースに使う …… 82
ゴボウサラダのまぜごはん …… 84
ポテサラでブラジル風揚げ餃子 …… 85
メンマ玉子 …… 86
かにかまメンマ …… 87
紅しょうがおにぎり …… 87

大容量でも大丈夫！味つけが即決まる
ぜひ買いの3大調味料 …… 88
ごまドレで汁なし担々うどん …… 90
ジューシー照り焼きチキンサンド …… 91
ヤムウンセン …… 91
揚げなすと豚のごまドレ炒め …… 92
安いよね！鶏すき …… 92

直輸入だから本場の味！
手間なしアジア料理 …… 94
韓国春雨でチャプチェ風 …… 96
プルコギトック …… 97
ボリュームましましコムタンスープ …… 97
グリーンカレーそうめん …… 98
包んで食べるトムヤムクン鍋 …… 99

砂抜き、殻むきなんてNo、No！
えびとあさりを使い倒す！ …… 100
レンチンチャウダー …… 102
あさりの佃煮 …… 102
殻付きあさりの塩ラーメン …… 103
炊飯器で炊き込みえびピラフ …… 104
包まないえびシュウマイ …… 105

夜食に、子どものおやつに…。
小腹がすいたときのお助け食品 …… 106
甘じょっぱ系お食事ワッフル …… 108
あんバタートースト …… 109
蒻玉春雨のマグカップスープ …… 109
焼きおにぎりでツナマヨコーンピザ …… 110
トックで作るラッポギ …… 111

Column 2
知る人ぞ知る人気商品！日用品セレクション② …… 112

Chapter 3

味のグレードアップ編

特別な技術は不要！プラス1アイテムでプロの味

もう涙はいらない！時間もいらない！
便利な玉ねぎ3兄弟 …… 114
フライドオニオンハンバーグ …… 116
さらに時短のスコップコロッケ …… 117
すぐでき！オニグラスープ …… 118
オニオンソテー&チーズのオムレツ …… 119
オニオンソテー&チーズのトースト …… 119

イタリア直輸入のパスタ、ソースはプロも絶賛！ …… 120
喫茶店のナポリタン …… 122
ペンネとパスタソース …… 123
アボカドチーズのブリトー …… 123
ひとふりで本場の味。さすが業スーの万能調味料！ …… 124
タンドリーチキン …… 126
炊飯器でチキンビリヤニ …… 127
ブロッコリーと豚肉炒め …… 128
スパイシースペアリブ …… 129
手間抜きでこんな本格的な手作りデザートが楽しめる …… 130
チョコレートババロアケーキ …… 132
薬膳風の杏仁豆腐 …… 133
甘じょっぱタピッツァ …… 134
ふりふりアイスクリームケーキ …… 135
フルーツトライフル …… 136
ウインナーコーヒー …… 136
デパ地下風ロールケーキ …… 137
食材別さくいん …… 138

カバー撮影
奥西淳二

イラスト
てらいまき

デザイン
三木俊一+廣田 萌+髙見朋子
（文京図案室）

カバー料理制作
三好弥生

本文料理制作・撮影・スタイリング
阿久津聖恵

商品撮影（一部）
碓井君枝（KADOKAWA写真室）

DTP
Office SASAI

校正
安部いずみ

企画・編集
仁岸志保

この本を使う前に

・材料のうち、緑の文字で書かれている食材は業務スーパーの商品を使用しています。

・材料の野菜は中サイズを基準にしています。同じ1/2個でも野菜の大きさによって異なりますので、(　)内のg数を目安にしてください。

・長ねぎや青ねぎ、玉ねぎなどのみじん切りは生野菜でも冷凍食品を使ってもかまいません。私は時短調理のために、刻み系食材は市販の冷凍食品を使うことが多いです。また生のものを刻んで冷凍しておくと便利です。

・スー家はよく食べるので、2人分でも一般的な量よりも多めになっています。

・**材料と作り方は基本2人分**ですが、レシピによっては作りやすい分量で表記しています。

・調味料は特に表記がない場合、**醤油＝濃口醤油、砂糖＝上白糖、味噌＝お好みの味噌、バター＝有塩バター、麺つゆはストレートタイプ**を使用しています。

・**大さじ1＝15ml、小さじ＝5ml、1カップ＝200ml**（いずれもすりきりで量る）です。

・メインの食材以外は明記していませんが、野菜は冷凍食品を使ってもOKです。その際は、加熱時間などは様子を見て調整ください。

・火加減に関してとくに表記がない場合、**中火で加熱**してください。

・電子レンジのワット数は、とくに表記がない場合**600W**を基準にしています。ただし、メーカーや機種によって違いがあるので、加熱時間は様子を見ながら加減してください。また、加熱する際は、電子レンジの説明書に従って、高温に耐えられる素材の容器やボウルを使用してください。

・オーブントースターは機種によって設定できるワット数が異なりますので、掲載のワット数、時間を参考に、焼き具合を見ながら加減してください。

・冷凍の鶏肉や魚は解凍や半解凍してから使ってください。また、肉や魚を電子レンジで指定の時間加熱したら、内側まで火が通っているか確認してください。生っぽい場合は30秒ずつ追い加熱しましょう。

※価格は税別価格です。
※本誌に関する商品情報は2021年2月現在のものです。
※商品は原料価格や為替などの影響により、予告なく価格変更やパッケージの変更、販売終了となる場合があります。
※店舗や地域により商品の価格、パッケージ、取り扱いが異なる場合があります。

Chapter 1

節約編

38レシピ

とにかくすごい！業務スーパーのコスパ

冷凍鶏肉が品質よしで激安！
国産鶏肉とW使いがオススメ！

安い！　とにかく安すぎる!!　こんなに安く売られてしまう鶏さんがなんだかせつない……スー子がおいしくいただきますね。

ブラジル産の鶏もも肉はブロック状に冷凍されているので、冷蔵庫で半解凍して使います。ブラジルって、鶏肉の生産量が世界第2位の鶏肉大国なんですって。ドリップがあまり出ずに、やっとこはがせる半解凍状態を見極めるのがコツ（目安は冷蔵庫で1日）。

一度に使い切れない分は塩だれや塩麹などに漬け込み保存するのもいいけれど、スー家では一度に調理して、おかずにして冷凍しています。忙しいときはこのほうがラクなんだ〜。

業務スーパーには商品がたくさんあって
どれもリーズナブル！
ス そうなんですよーー！
あれもこれもほしくなるニャ
てことで！
スー子的『買うべし』商品の見つけ方
値札を見よ！
輸入元の国が書いてある
タイ 世界の本物 直輸入
スイートチリソース
世界のめずらしい本場の商品が多いです
おお〜
Every Day Low Price
毎日がお買得
ココアクッキー
文字通り毎日いいお値段の商品です

たとえば
チルドの鶏肉～！
自社養鶏場で
育てているから～～!!
安全性も保証されてるのも
うれしいですね✦

新鮮一番
上州高原どり
若どりもも
2kg

そしてラストの
値札はコレ↓
これは業務スーパーが
責任をもって
生産している
証なんです！

業務スーパーの安全安心
国内グループ工場
鶏肉
100g 88円
●▲■円

そうそう

鶏肉といえば！

ブラジル産激安鶏肉もオススメ

見つけたらカゴへ

Seara
ブラジル産
鶏もも正肉
内容量2kg
冷凍！

えっ 100g 30円台!?

破格 カクカク
破格カクーーー！

解凍したら

全部からあげにしちゃいましょ♫

～だって一度解凍したら使い切ったほうがおいしいし！～

レシピP.18

握り拳大のどデカイからあげ

たまり醤油のからあげ粉

これでい粉に
たまり醤油味

まぶして
揚げるだけで
おいしくなる
魔法の粉はコレだ！

完成したら冷凍。
お弁当にも凍ったまま入れちゃう!!
昼ごろには解凍されていい感じ

からあげ丼に
したり卵で
とじたり
忙しいときにあると
役立つ✦✦

レシピは
次のページへ！

おいしさ握り拳級！

どデカイからあげ

一度に作って冷凍保存しています。このからあげ粉を考えた人、すごいですよね。誰でもサクサク、ジューシーに作れます。できたてあっちうめーーっ!!!

1人分
93円

材料（作りやすい量）

鶏もも肉（3等分に切る）……2kg

ジューシーから揚げ これでい粉 たまり醤油味……300g

水……300ml　揚げ油……適量

作り方

1. から揚げ粉を水で溶き、鶏肉を入れてよくもみ込む。
2. 170℃に熱した揚げ油で**1**をじっくり揚げ、竹串で刺して透明な肉汁がでてきたら完成。

1人分
103円

姜葱醤（125ページ参照）がない場合は、醤油におろししょうが、おろしにんにく、ごま油、長ねぎの白い部分（みじん切り）をまぜてつけだれにしてくださいね。

※冷凍鶏肉は解凍してから使ってください。

鶏のうま味香る絶品！

炊飯器で南海チキンライス

材料（作りやすい量）

鶏もも肉……1枚（300g）

米（研いでおく）……2合

鶏がらスープの素（顆粒）……小さじ1

おろししょうが……大さじ1

長ねぎの青い部分……1本分

トマト、きゅうり、パクチー……各適量（あれば）

〈たれ：A〉

姜葱醤《ジャンツォンジャン》……大さじ1

醤油……小さじ1

作り方

1. 鶏肉をフォークで数か所刺し火の通りをよくする。**A**は混ぜておく。
2. 炊飯器に米、鶏がらスープの素、しょうがを加えひと混ぜし、**1**の鶏肉（皮を下に向ける）、長ねぎをのせ、水（分量外）を2合の目盛りまで入れて炊飯する。
3. 炊けたら鶏肉を取り出しそぎ切りにする。皿に**2**と鶏肉、お好みで食べやすい大きさに切ったトマト、きゅうり、パクチーを盛り付け、**A**をかけいただく。

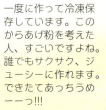

淡泊な鶏むね肉が
濃厚ソースによく合う

えびじゃ ないのYO!! 鶏チリ

えびの代わりに鶏肉を使ってみたらこれが大正解！ 片栗粉入りで下味をもみ込むので、水溶き片栗粉なしでもとろみがつきます。

1人分
65円

材料（2人分）

鶏むね肉（ひと口大に切る）
……1枚（200g）

〈下味：A〉

- 塩、こしょう……各適量
- 酒……大さじ1
- 片栗粉……大さじ1

〈ソースの素：B〉

- ケチャップ……大さじ3
- 豆板醤……小さじ1
- 鶏がらスープの素……小さじ1
- 醤油……小さじ1/2
- おろししょうが……小さじ1
- おろしにんにく……小さじ1
- ごま油……大さじ1

長ねぎの白い部分（みじん切り）
……適量（あれば）

作り方

1. 鶏肉にAの材料をもみ込み、耐熱容器に入れふわっとラップをかけ、電子レンジで6分加熱する。そのまま3～4分余熱調理する。
2. 1によく混ぜ合わせたBを加えて、肉によく絡ませる。皿に盛り、お好みで長ねぎをのせる。

ポイント

姜葱醤があれば鶏がらスープの素、おろししょうが、おろしにんにく、ごま油は入れなくてOK。代わりに姜葱醤を大さじ2入れてください。姜葱醤はしょうがとねぎ油を使った業務スーパー（以下業スー）オリジナルの万能調味料（125ページ参照）。後で詳しく紹介します。

電子レンジで簡単！
しっとりやわらか〜い

ヨダレが止まらんよだれ鶏

辛いもの好きならラー油増量で。蒸し鶏のゆで汁も余すことなくいただきます！

1人分
71円

材料（2人分）

鶏むね肉……1枚（200g）
酒……大さじ2
砂糖……小さじ1

〈たれ：**A**〉
- 長ねぎの白い部分（みじん切り）……大さじ2
- 醤油……大さじ2
- 酢……大さじ1
- ラー油……小さじ1
- ごま油……小さじ1
- おろししょうが……小さじ1
- おろしにんにく……少々
- 蒸し鶏のゆで汁……全量

作り方

1 鶏肉をフォークで数か所刺し火の通りをよくする。耐熱容器に入れ、酒、砂糖を加え、ふわっとラップをかけ電子レンジで6分加熱し、そのまま冷めるまで余熱調理する。

2 **1**をそぎ切りにして皿に盛り、よく混ぜ合わせた**A**をかける。

スー子の裏技

鶏のむね肉は硬くなるので、加熱しすぎに要注意！ 冷ましながら余熱調理することで火は通ります。ただし、切ってみて生っぽさが残っていたら、30秒ずつ追加熱しながら様子をみてください。

スープが絶品の伝統食

奄美の鶏飯

鶏むね肉は皮付きを使います。本来、鶏がらを煮込んでスープを作りますが、皮付きのむね肉と鶏がらスープの素で代用しました。

材料（作りやすい量）

鶏むね肉……1枚（200g）
干ししいたけ……5個

〈**しいたけの煮汁：A**〉
醤油……大さじ2
砂糖……大さじ1
干ししいたけの戻し汁……150ml

〈**スープ：B**〉
醤油……小さじ1
酒……大さじ1
鶏がらスープの素……小さじ1

干ししいたけの戻し汁の残り＋水……1.2ℓ
ごはん…………茶碗4杯分
卵（塩少々入れて溶いておく）……2個

〈**トッピング：C**〉
刻みのり……少々
甘い黄色いたくあん、青ねぎ（ともにみじん切り）……少々

1人分 **152円**

作り方

1. 干ししいたけを水で戻し、**A**で汁けがなくなるまで煮詰めて薄切りにする。錦糸卵を作る。
2. 残りの干ししいたけの戻し汁＋水を鍋に入れ、沸騰したら**B**、皮付きのままの鶏肉を加え、火が通るまで煮る。
3. **2**の鶏肉に火が通ったら手で細かく割いておく。
4. 茶碗にごはんを少量よそい、**1**と**3**と**C**をのせ**2**のスープをまわしかける。

ポイント

奄美生まれの友人曰く、ごはんは一度にたくさんよそわず、少量ずつたっぷりの汁で、何回かに分けて食べるのが現地流。だし好きのスー家では鶏飯は飲み物。少し手間がかかりそうな印象かもしれませんが、今回、絶対紹介したかったレシピです。

きしめんに、そばに…魅惑の麺19円シリーズと冷凍讃岐うどんを攻略！

一般のスーパーで見かける3玉入りの麺って微妙な量だなって思うの。スー家は大食い2人暮らし。4玉ほしいのに3玉×2袋買わないといけないし、残った2玉も微妙な量だし……。

業スーの19円シリーズの麺は1玉売りなので使いたい分だけ買えて便利！　蕎麦、うどん、稲庭うどん、きしめんと種類も豊富。リモートワーク中の簡単にすませたい昼食にももってこいだ。

19円シリーズ以外では冷凍讃岐うどんが便利だよ。のど越しを楽しみたいならゆでる、シコシコしたコシを楽しみたいならレンジで温めるのがよいそうです。

あったあった〜！
19円シリーズの麺!!
こちらはズバリ安さにつきます
19円！
バーン
焼そば
蕎麦
うどん
のどごしなめらか
麺類っていくらあっても困らないよね〜
調理がラクだし、ぱぱっとすませたいお昼に便利〜♪

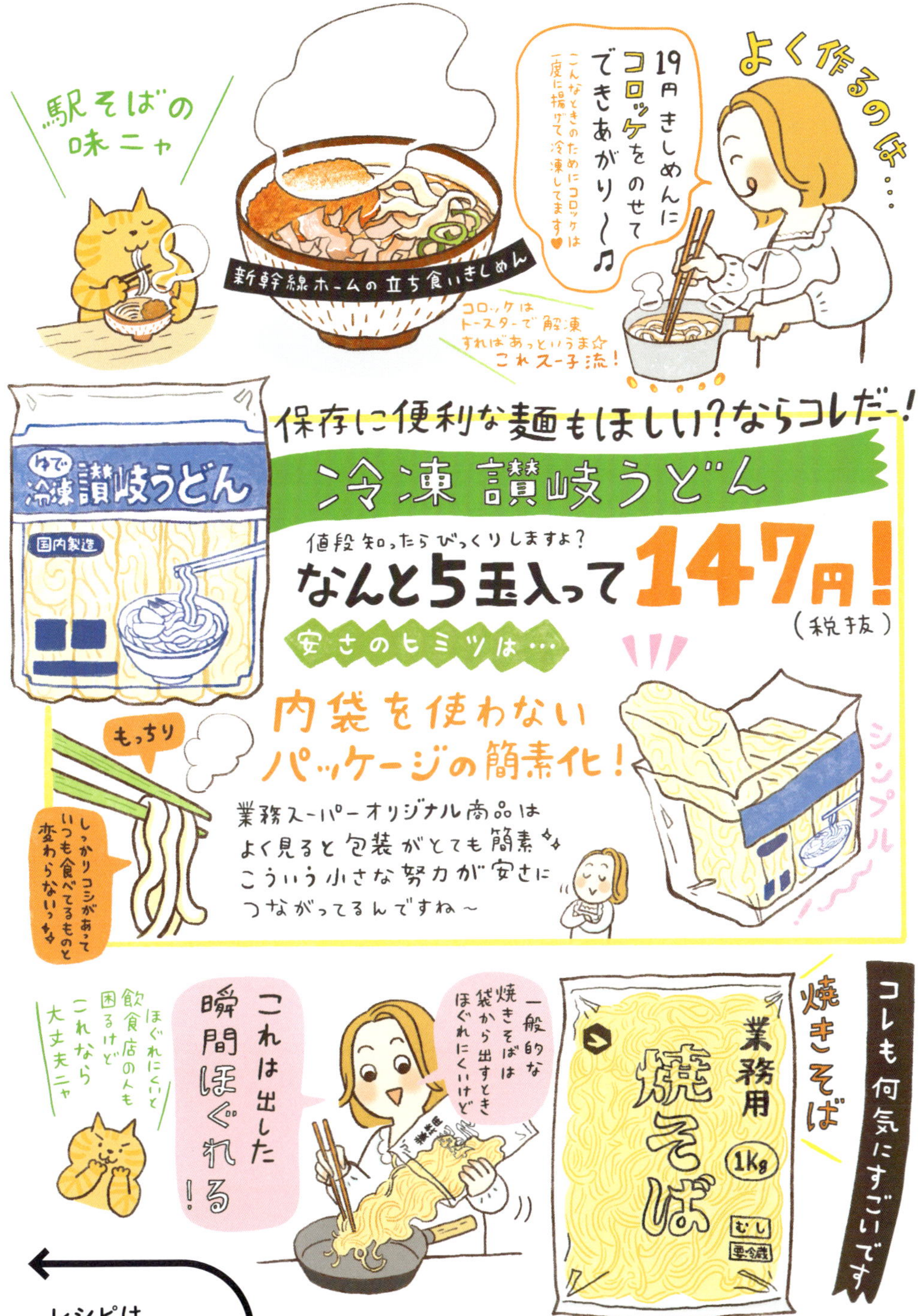
よく作るのは…
19円きしめんにコロッケをのせてできあがり～♫
こんなときのために一度にコロッケは揚げて冷凍してます♥
コロッケはトースターで解凍すればあっというま☆これスー子流！
新幹線ホームの立ち食いきしめん
駅そばの味ニャ
保存に便利な麺もほしい？ならコレだー！
冷凍 讃岐うどん
値段知ったらびっくりしますよ？
なんと5玉入って147円！
（税抜）
安さのヒミツは…
内袋を使わないパッケージの簡素化！
業務スーパーオリジナル商品はよく見ると包装がとても簡素✧こういう小さな努力が安さにつながってるんですね～
シンプル～
ゆで 冷凍讃岐うどん
国内製造
もっちり
しっかりコシがあっていつも食べてるものと変わらないっ✧
コレも何気にすごいです
焼きそば
業務用 焼そば 1kg
むし
要冷蔵
一般的な焼きそばは袋から出すときほぐれにくいけど
これは出した瞬間ほぐれる！
ほぐれにくいと飲食店の人も困るけどこれなら大丈夫ニャ

レシピは次のページへ！

※19円麺、1kg焼そばは一部の地域や店舗のみでの取り扱い商品です。

汁なしだからお弁当にも！

そば稲荷

1人分
90円

材料（2人分）

稲荷揚げ（市販品）……10枚

そば（袋ごと半分に切っておく）……2玉

〈味つけ：**A**〉

揚げ玉……大さじ2
麺つゆ……大さじ1〜2
わさび……少々
青ねぎ（みじん切り）……少々
白ごま……少々（あれば）

見た目は全然違うのに、食べるとしっかりきつねそばの味。その驚きをぜひ味わって。稲荷揚げは市販品を使い、手軽に作ります。

作り方

1. 蕎麦を湯がき、水けをしっかりきっておく。
2. **1**と**A**をよく混ぜ合わせ、稲荷揚げに詰める。

1人分
102円

豚のスペアリブを煮込んで作るスープのコクを、煮豚の汁を入れることで再現。市販の煮豚は大さじ1程度の汁入りを選びましょう。

きしめんで再現

麺そーれ!! 沖縄そば風

材料（2人分）

きしめん……2玉
水……4カップ
白だし……大さじ4
煮豚の汁……大さじ1
煮豚（市販品、2cm厚さ）……4枚
紅しょうが……少々（あれば）
長ねぎ（みじん切り）……少々
かまぼこ（5mm厚さ）……4枚（あれば）

作り方

1. きしめんを湯がき、水けをきって丼に盛る。
2. 鍋で水、白だし、煮豚の汁を温め、沸騰したら火を止め**1**に注ぐ。煮豚、紅しょうが、長ねぎ、かまぼこをのせる。

カリッ、トロッが
たまらない！

麻婆
焼きそば

1人分
104円

材料（2人分）

焼きそば……2玉

豚ひき肉……150g
長ねぎの白い部分
（みじん切り）……少々
豆腐（絹）……1丁
ごま油……適量
片栗粉（大さじ2の水で
水溶き片栗粉にする）
……大さじ1

〈味つけ：A〉
焼肉のたれ……大さじ6
水……1カップ

作り方

1 フライパンにごま油をひき焼きそばを炒め、麺の表面がカリッとしてきたら皿に取り出す。
2 同じフライパンにごま油をひき、長ねぎ、豚ひき肉を炒め、肉に火が通ったら**A**を加え、沸騰したら手で崩しながら豆腐を加えて1分煮る。
3 **2**に水溶き片栗粉を加え、とろみがでたら火を止め麺の上にかける。

この麺のほぐれやすさはちょっと感動もの。麻婆はもちろんごはんにかけても。我ながら間違いなしのおいしさだー！

冷凍讃岐うどん（5食入り）で

平日うどん生活

ささっとすませたい平日の昼食に冷凍讃岐うどんが大活躍！
なんと1袋5食入り。しっかり使い切っちゃいましょう。

1人分
130円

MONDAY

ソース味や醤油味に
飽きたらこれ！

すき焼き風焼きうどん

電子レンジ調理だけで作れるほうがラクだな～と思ったのですが、このレシピは直火必須でした。たれの焦げる香り……たまりません！

材料（2人分）

冷凍讃岐うどん……2玉
長ねぎ（斜め切り）……1本
豚こま肉（または牛こま肉）……120g
キャベツの葉（ちぎっておく）……4枚
すき焼きのたれ……100ml
サラダ油……大さじ1
紅しょうが……適量（あれば）

作り方

1 フライパンにサラダ油を熱し、長ねぎと豚肉を炒める。うどんは表示どおり電子レンジで加熱しておく。

2 キャベツ、**1**の麺を加えてさらに炒め、全体に油がまわったらすき焼きのたれを入れ、汁けがなくなるまで炒める。器に盛り付け、お好みで紅しょうがをのせる。

TUESDAY

麺つゆって間違いない…

冷しゃぶ
キャベツうどん

材料（2人分）

冷凍讃岐うどん……2玉

キャベツの葉（手で食べやすい大きさにちぎる）……2枚

豚肉（しゃぶしゃぶ用）……120g

麺つゆ……適量（お好みで）

作り方

1 耐熱容器にうどん、キャベツ、豚肉を入れ、ふわっとラップをして電子レンジで3分加熱する。麺つゆまたはお好みのたれをかけていただく。

簡単にすませたいから包丁も使わない！豚肉は火が通りやすいようにしっかり広げておきましょう。ドレッシングや醤油などをかけてもOK。

1人分 94円

WEDNESDAY

1人分 79円

うどんをレンチンするだけ！

ツナラーの
パパッとうどん

材料（2人分）

冷凍讃岐うどん……2玉

ツナ缶……1缶（70g）

麺つゆ……大さじ2

ラー油……小さじ2

作り方

1 うどんは表示どおりに電子レンジで加熱し、器に盛る。

2 1にすべての材料を混ぜ合わせる。

辛いのが好きな人はラー油ましましでどうぞ。混ぜるだけだから忙しい日の一人飯にも最適ですよ！スー家でもヘビロテしています。

THURSDAY

1人分 79円

ほのかな酸味と
甘くて辛い魅惑の味

辛うま ビビンうどん

材料（2人分）

冷凍讃岐うどん……2玉
キムチ……適量
ビビンバ……100g
ゆで卵……1〜2個

〈ビビンソース：A〉
砂糖……大さじ1
酢……大さじ3
醤油……小さじ1
おろしにんにく……少々
コチュジャン……大さじ1

作り方

1 Aを混ぜ合わせておく。うどんは表示どおりに電子レンジで加熱し、冷水で締め水けをきっておく。

2 1のうどんにAを絡め器に盛る。ビビンバ、キムチ、半分に切ったゆで卵をのせる。

韓国のビビン麺をうどんでアレンジしました。キムチや、焼肉のたれで炒めた肉を加えるとさらにおいしさとボリュームがアップ！

これもお伝えしたかった！

石焼きビビンバが好きでナムルを手作りしていましたが、業スーでこちらを発見。6種類の具入り！ これなら早い、安い、うまい！ スー家ではトッペギ（韓国の土鍋）で石焼きビビンバを楽しんでいます。

FRIDAY

王道パスタの味つけが
うどんにもマッチ

うどボナーラ

材料（2人分）

冷凍讃岐うどん……2玉
ベーコン（短冊切り）……2枚
バター……大さじ1
おろしにんにく……少々

〈ソース：A〉
- 卵……2個
- 牛乳……1カップ
- 粉チーズ……大さじ2
- 塩……少々

粗挽きこしょう……少々
（あれば）

作り方

1. **A**を混ぜ合わせておく。うどんは表示どおりに電子レンジで加熱しておく。
2. 熱したフライパンにバター、にんにくを入れ、香りがでてきたらベーコンを炒める。うどんを入れすぐに火を止め、**A**を加えて素早くかき混ぜる。
3. 再び火にかけ、お好みのとろみ加減で火を止める。皿に盛り、お好みで粗挽きこしょうをかける。

卵黄に火が入りすぎるとボソボソした食感になるので注意。**2**の後に余熱調理するぐらいでも十分です。

1人分
91円

もう業スー以外で買えないとの声、続出！お得なウインナー

ウインナーをおいしく食べる方法は、①ゆでてからフライパンで焼く、②肉汁がでるので切れ目を入れるのはNG、と言われているのだけど、スー子的には「徳用ウインナー」は切れ目を入れて焼くのがオススメ。表面のカリカリさが増して香ばしくなるよ。オムライスや炒飯に刻んで入れて、肉代わりにするのも正解。とくに焼きそばは豚肉で作るよりB級グルメっぽくなって好き。

「こだわり生フランク（冷凍）」は1本が大きくて食べ応え抜群。そのまま食べて大満足のおいしさだけど、今回中身を使ってパスタを作ってみたら最高！　ソーセージの中身活用法を紹介します。

はいはーい こっちこっち
業スーのおいしいウインナー食べて！
スー子イチオシ
こだわり生フランク（ハーブ入り）
格安なのにビストロの味！
ハーブが入っているだけでこんなに本格派になるの!?って思います。
こだわり生フランク
ハーブ入り
1kg
この前行った某ハーブ園の手作りウインナーと同じ味がしたんですよっ
じつはボイルしてから焼くとさらにウマ～♪
肉々しくてジューシー！
粒マスタードをそえればちょっとしたごちそうに

こだわり生フランクの
新しい活用法
解凍した生フランクの皮を
やぶって中の肉ダネを
取り出して
使います！
にゅる
タラコをしごいて出すかんじで
パスタに入れてもいいし
肉ダネに入ってるスパイスと
ハーブがいい仕事する〜〜〜!!
サルシッチャですよ
肉ダネをパテの形に形成して
こんがり焼いて卵をのせて
マフィンではさめば・・・・
あの某ファストフードの朝メニューに
とにかく便利
徳用ウインナー
お弁当におかずに…
なんっにでも使えるから最高に
使い勝手がいいんですよ〜〜〜〜！
Transmitted by Meister
徳用ウインナー
1000g
1kg 460円とまさに徳用
シチューに入れたり
おでんのネタに。いいだしが出る〜！
危機も救ってくれちゃう
冷蔵庫に食材が…ないっ
って思ったけどウインナーがあったァ〜！
よかったぁ〜
ということで肉がわりに刻んで炒飯に
よかったニャ…
しみるニャア〜

レシピは
次のページへ！

あの朝メニューを
自宅で作っちゃおう！

エッグ
ソーセージ
マフィン

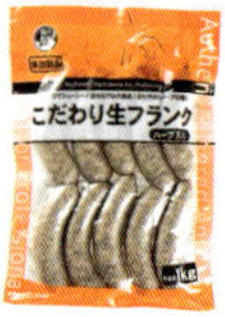

1人分
140円

材料（2人分）

冷凍ハーブフランク
……2本
目玉焼き……2個
イングリッシュマフィン
（半分に割る）……2個
ケチャップ、マスタード
……各少々
サラダ油……適量

作り方

1 生フランクを冷蔵庫で解凍し、中の生肉をしごき出し、ハンバーガー用のパテのように形成する。
2 フライパンにサラダ油をひいて1を焼き、中まで火が通ったら取り出す。同じフライパンで目玉焼きを作り、取り出す。
3 同じフライパンでイングリッシュマフィンの断面を焼き、軽く温める。パテと目玉焼きをサンドし、ケチャップとマスタードで味つけする。

ソーセージのパテなので弾力があり肉々しい。目玉焼きは枠で囲い、円形になるように作りました。とろけるチーズをのせてももちろんおいしいよ〜！

ケチャップ＆ソースが
味の決め手

手間いらずの時短ミートソース

ケチャップと中濃ソースがいい仕事をしてくれます。トマト缶や合いびき肉をじっくり煮込んだようなコクになるんです！

1人分
131円

材料（2人分）

冷凍ハーブフランク……2本
スパゲティ……200g
冷凍刻み玉ねぎ……150g
オリーブオイル……適量

〈ソース：A〉
ケチャップ……150ml
中濃ソース……大さじ3
水……100ml

作り方

1 生フランクを冷蔵庫で解凍し、中の生肉をしごき出す。スパゲティは表示どおりゆでておく。
2 フライパンにオリーブオイルをひき、1の肉と玉ねぎを炒める。焼き色がついたらAを加え、汁けがなくなるまで煮る。
3 ゆでたスパゲティを皿に盛り、2をかける。

スー子の裏技

一般的なミートソースのレシピだと肉の臭み消しにローリエを使いますが、生フランクにさまざまなスパイスやハーブが入っているのでその必要なし！まさに一石二鳥。スパゲティはソースがよく絡む、外国産の表面がザラザラしたタイプがオススメ。

カレー味のしんなり
キャベツがアクセント

スパイシー ミニドッグ

1人分
73円

材料（2人分）

徳用ウインナー
（切れ目を入れる）
……4本

バターロール
……4個

キャベツ（せん切り）……3枚
カレー粉……小さじ2
砂糖……ひとつまみ
水……大さじ1
こしょう……少々

作り方

1 フライパンでキャベツを炒め、しんなりしたらカレー粉、砂糖、水、こしょうを加え、水分がなくなるまで炒める。ウインナーも焼いておく。

2 バターロールに1、ウインナーの順番にはさむ。

炒めることでかさを減らし、たっぷりキャベツをはさみました。これ食いしん坊の知恵。スパイシーなカレー粉とほんのり甘みをきかせた食がすすむ味つけです。

カレー味のキャベツ炒めは
常備菜にもなります

揚げることでタコの足が開き、頭がホットケーキミックスの生地で丸く膨らみます。赤いウインナーを使うとよりリアル？

子どもウケも抜群！?

本当のタコさんウインナー

材料（2人分）

徳用ウインナー……10本

〈衣：A〉

- ホットケーキミックス……150g
- 牛乳……120ml

揚げ油……適量

作り方

1. ウインナーの下半分に十字に切り込みを入れる。**A**は混ぜ合わせておく。
2. **1**のウインナーの頭側のほうに**A**をつけ、180℃に熱した揚げ油で素早く揚げる。

1人分 **108円**

ケチャップやマヨネーズで顔を書くと楽しい。

スー子の裏技

衣はドロリとした重たいとろみがついている状態がベスト。お使いのホットケーキミックスよって差があるので、水っぽかったら少し粉を足して調整してください。タコの足を持って、先に頭を油に浸し、衣が少しふくらんだら全体を揚げます。

そのまま食べてもよし！
調理にも使える焼き鳥シリーズ

冷凍食品コーナーでひと際存在感を放つのが、大きな紙箱に入った焼き鳥（加熱済み、たれなし）。50本入りで1100円前後、1本約20円。安いよ!!

スー家では一人10本余裕だなぁ。

ももやねぎ間、ぼんじりなどいろいろな種類があるけれど、鶏とろがとくにお気に入り。鶏のむね肉から手羽にかけての部分で、1羽から少ししかとれない希少なお肉なのだそう。

たれなしだから自由に味つけできるのも魅力。すき焼きのたれを絡めてパンにはさんで照り焼きチキンサンド、弁当の白飯の上に並べて焼き鳥弁当にも。しかもどれもおいしい～。

業務スーパーらしさを楽しめるといえば…冷凍焼き鳥シリーズ！
味つけから部位までシリーズでそろえているのも業スーの特徴
こんなに種類があるんです！
ぼんじり
鶏つくね
鶏皮
ねぎ間
ジャンボ鶏もも
鶏とろ
おウチで焼き鳥屋さんができるニャ～

焼くときは
冷凍のまま
フライパンに
入れちゃって
ください
ジュウ
ジュウ
ちなみに
魚焼きグリルだと
串まで焼ける
ので要注意
です
バーベキューや
ホームパーティでも大活躍
軽く味が
ついてる程度なので
たれや七味で
味のアレンジも
オススメ！
七味
お子さんがいる
家庭に人気
なんですよ
さらにはこんな食べ方も
時短食材に
なるんです
じつは
この焼き鳥
フフフ
おニャ？
串から肉をはずして
どうしたの？
焼き鳥串で
親子丼
加熱済みなので
親子丼も
あっというま☆
レシピは
P.38！
一串だけ使ってこんな調理にも

レンチンマグカップシチュー
温ったかうまー↑↑
レンチン茶碗蒸し
レシピ
P.40
おそばの
サイド
メニューに
必須

レシピは
次のページへ！

これぞ時短の極み！

焼き鳥串の親子丼

1人分
107円

材料（2人分）

冷凍鶏とろ串
（たれなし。串からはずす）
…… 5本

焼きとり
加熱済み
鶏とろ串

冷凍スライス玉ねぎ
……100g

すき焼きのたれ
……大さじ4

水……大さじ2

卵（溶いておく）…… 3個

ごはん……茶碗2杯分

三つ葉……適量（あれば）

作り方

1 鍋に水とすき焼きのたれを入れ火にかけ、沸騰したら玉ねぎ、鶏とろを加え温める。

2 玉ねぎがしんなりしたら卵をまわしかけ、お好みの硬さになったら火を止める。

3 器にごはんをよそい、**2**をかける。お好みで三つ葉をそえる。

加熱調理済みの焼き鳥を使うことで、さっと温める適度で食べられます。余分な脂が落ちているせいか、鶏肉独特の臭みもなし！

焼き鳥は少し解凍したほうが串からはずしやすいです！

とろみソースと
こんがりチーズが
たまらない！

焼き鳥グラタン

材料（2人分）

冷凍鶏もも串（串からはずす）……5本
冷凍ポテト……8個
冷凍スライス玉ねぎ……50g
バター……大さじ1
小麦粉……大さじ2
牛乳……300ml
コンソメ（砕いて入れる）……1/2個
とろけるチーズ……適量

作り方

1 フライパンでバターを熱し、鶏もも、冷凍ポテト、玉ねぎを炒め、全体がしんなりしたら火を止める。小麦粉をまぶし、しっかり混ぜる。
2 1に牛乳、コンソメを加え、さらによくかき混ぜてから火をつけ、とろみがついたら耐熱皿に移す。チーズをかけトースターで焼き目がつくまで焼く。

冷凍食品をフル活用するからまな板いらず。鶏肉に下味がついているので、味がぼやけず、濃厚な味わいが楽しめます。

1人分 185円

これも紹介したかった

一般的なスーパーにありそうでないのが冷凍ポテト！　皮をむいて乱切りにし下ゆでしてあるので、カレーやシチュー、肉じゃがなどに便利に使えるほか、ス一家ではレトルトカレーに入れてボリュームアップしています。

「だいたい」でも
ちゃんとできる！

1人前だけ レンチン 茶碗蒸し

材料（1人分）

冷凍鶏もも串
（串からはずす）……1本
卵（溶いておく）……1個
白だし（ストレート）……小さじ2
三つ葉……適量（あれば）

作り方

1 計量カップに卵と白だしを加えよく混ぜ合わせてから、200mlの目盛りまで水（分量外）を足し、鶏肉を加える。

2 1を耐熱のマグカップに移し、ふわっとラップをかぶせ、電子レンジ（200W）で7分加熱する。お好みで三つ葉をそえる。

卵：焼き鳥：白だし＝1個：1本：小さじ2。分量が覚えやすいから作りやすいはず！スー家ではそばを食べるときに茶碗蒸しが必須。よく作っています。

1人分
37円

スー子の裏技

マグカップに移すのがやや面倒だけど、このレシピは計量が大事。加熱後に竹串を刺して透き通った液になっていれば内側まで火が通った証拠です。とはいえ、すが入ってもおいしいから大丈夫！

人気の韓国料理を
自宅で再現

フライパンチーズタッカルビ風

複数の野菜を揃えたり、切ったりする手間をカット。なんちゃって、だけど味はちゃんとタッカルビです。チーズをたっぷり絡めてどうぞ。

1人分 **257**円

材料（2人分）

冷凍鶏もも串
（串からはずす）
……10本

冷凍中華野菜ミックス
……半袋

ごま油……適量
とろけるチーズ……適量

〈たれ：**A**〉
コチュジャン……大さじ2
醤油……大さじ1
砂糖……大さじ1
酒……大さじ1
おろしにんにく……少々
おろししょうが……少々

作り方

1 フライパンにごま油をひき、冷凍のまま焼き鳥と中華野菜ミックスを炒め、しんなりしたら**A**を加え混ぜ合わせる。
2 **1**を両サイドに寄せて中央を空ける。たっぷりのチーズを入れ、チーズがふつふつしたら完成。

これも紹介したかった

洋風の冷凍野菜ミックスはよく見かけるけど、「中華野菜ミックス」は貴重ですよね。いんげん、にんじん、たけのこ、きくらげ、といった食感のよい食材ばかりが入って、これがまさに炒め物にピッタリ。ひき肉と一緒に炒めるだけで一品できちゃいます。

ごちそう感がグンとアップ！

合鴨＆スモークチキン

いつものメニューを豪華にしてくれる合鴨パストラミ＆グリルチキン。
スー家ではこんなふうに使っています。

合鴨は何枚のせても自由！
これぞ家ごはんの醍醐味

合鴨パストラミのせ和風パスタ

1人分 **160円**

材料（作りやすい量）

冷凍合鴨パストラミ
（5mm厚さに切る）
……1/2袋（90g）

スパゲティ……200g
冷凍ミックスきのこ
……1/2袋（250g）
バター……大さじ1
柚子こしょう……小さじ1
麺つゆ（ストレート）
……大さじ3
おろしにんにく……少々
パセリ（刻んでおく）
……適量（あれば）

作り方

1 スパゲティは表示どおりゆでる。

2 フライパンにバター、にんにく、ミックスきのこを入れて炒め、しんなりしたら麺つゆ、柚子こしょうを加えて味をととのえる。

3 湯切りしたスパゲティと**2**をよく混ぜ合わせて皿に盛り付け、合鴨パストラミをトッピングする。お好みでパセリをちらす。

きのこは冷凍するとうま味がアップするってご存じですか。水分量が多いので、調理する際は強火で水気を飛ばすように炒めるのがポイント。

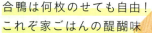

チキンとなますの好相性！

スモークチキンの バインミー

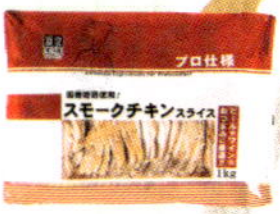

なますをナンプラーで和えることでベトナム風に味変。ヘルシーだからたくさん食べても罪悪感なし!?

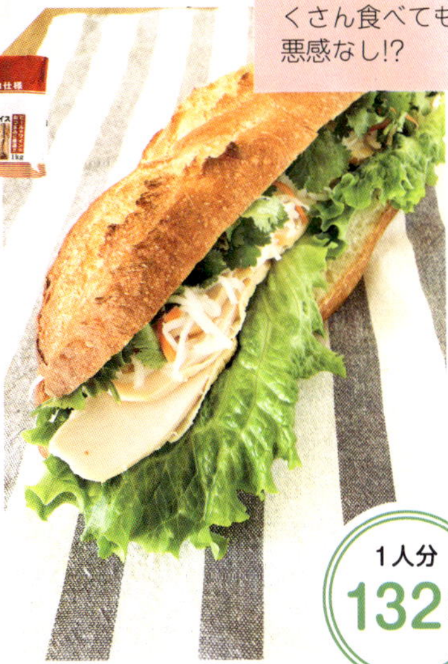

材料（作りやすい量）

- **スモークチキン**……8枚
- なます（市販品、水けをきる）……100g
- ナンプラー……小さじ1
- フランスパン……30cm
- バター……大さじ1
- リーフレタス……2枚
- パクチー……お好みで

作り方

1. なますとナンプラーを和える。
2. フランスパンに切れ目を入れてバターを塗り、トースターで軽く温める。
3. **2**にレタス、スモークチキン、**1**、パクチーの順にのせてはさむ。

1人分
132円

お正月以外も毎日食べたい！

合鴨ロースの 雑煮

雑煮にもお肉がほしいよねってときに。白だし＋合鴨ロースが上品な味わい。

材料（2人分）

- **合鴨ロース**（薄切り）……1/2袋
- ほうれん草……1/4袋
- 餅（直前にトースターで焼いておく）……2個

〈だし：**A**〉
- 水……2カップ
- 白だし……大さじ2
- 醬油、酒……小さじ2

- かまぼこ（1cm厚さ）……2〜4枚
- 柚子の皮、三つ葉……適量（あれば）

作り方

1. ほうれん草は塩ゆでし、水けを絞って4cm幅に切っておく。
2. 鍋に**A**を入れ、沸騰直前に合鴨ロースを入れ軽く温める。
3. お椀に**2**をよそい、餅、ほうれん草、かまぼこを入れる。お好みで柚子の皮、三つ葉をのせる。

1人分
103円

いざ缶詰対決！ かに缶vs.さば水煮缶vs.オイルサーディン

缶詰対決と言いつつ、まずはかに缶を試してみて！　むき身タイプのかに缶とはまったく違うのだけど、フレーク状になっていて調理に便利。かにの風味は十分あるから、いいだしになるよ。スー家ではかにの風味を味わうためにコンソメなどの強いだしは使わないようにしています。1缶200円台。かに味のパスタソースを買うより、これでパスタソースを作るほうが断然オススメ！

一人での食事は自分のためだけに作るのがめんどうで、さばの水煮缶にお世話になってるよ。さばの水煮缶もオイルサーディンも業スーなら1缶100円前後と破格カクカク、破格カク～！

エントリー No.1 わたりがにフレーク

わたりがに
フレーク

国産のかに缶のようなむき身ではなく、繊維状。だからフレークなのです。そのまま食べるには向かないけれど、調理に使うと考えてこの風味で200円台は優秀すぎる。

汁にかにの濃厚なうま味がつまってる！
汁ごと使うのがポイント
わたりがに

こんな料理に

・**かに缶と豆腐のあんかけ**：サラダ油をひいてしょうがとねぎを熱し、水、鶏がらスープの素を加える。沸騰したらかに缶（汁ごと）、粗く崩した豆腐を入れ、水溶き片栗粉でとろみをつける。

・お味噌汁にそのまま入れてもおいしい！　しょうがのしぼり汁を入れると臭みも消える。

エントリー No.2

オイルサーディン

1缶なんと100円前後。これだけ安いと気兼ねなく使えますよね。一人1缶、いや2缶だっていっちゃいます。身が小ぶりなので、丸ごとピザの具にしても映えます！

こんな料理に

・**いわしのエスニックカレー**：米（2合）、カレー粉（大さじ1）、つぶしたにんにく（1かけ）、ナンプラー（大さじ1）、オイルサーディン（2缶）を炊き込んで完成。

エントリー No.3

さば水煮缶

日本近海で漁獲した真さばを船凍結してタイで加工調理。骨までやわらかく食べられます。水煮のほかに、味噌煮など味つきもあります。

こんな料理に

・**さばカレーコロッケ**：①さば水煮の汁けをきり、ほぐしてレモン汁をかけておく。②1をにんにくとカレー粉で炒めて、ゆでてつぶしたじゃがいもと混ぜる。③小さく丸めて、卵→パン粉をつけて揚げる（小麦粉はなしでＯＫ）。スリランカ料理のカトレット（魚のカツレツ）風の揚げ物です。

これも紹介したかった

エキストラバージンオリーブオイルにさばを漬けた「さばのオリーブオイル漬け」はオイルまでおいしい。ゆでたパスタと和えるだけで最高のペペロン風パスタが作れます。バルサミコ酢やドレッシングをかけるとワインに合う〜。

200円台のかに缶で
高級イタリアンの味！

かに缶
トマトクリーム
パスタ

「こ、これは……」とおいしすぎて震えた一品です。目を閉じて食べれば自宅が完全に高級イタリア料理店！

材料（2人分）

わたりがにフレーク
……1缶
スパゲティ……200g

おろしにんにく……少々
トマト缶（カット）……1缶
コンソメ（砕いて入れる）
……1個
白ワイン……大さじ2
生クリーム……100ml
オリーブオイル……
大さじ2

1人分
232円

作り方

1 フライパンにオリーブオイルをひき、にんにく、トマト缶を加え、汁けが飛ぶように弱火で煮詰めたら、コンソメ、白ワインを加える。スパゲティは表示どおりにゆでる。

2 かに缶（汁ごと）を加え2〜3分煮たら、生クリームを加える。ゆでたパスタを加えて和える。

スー子の裏技

スパゲティをゆでるタイミングについて考えてみましょう。このレシピの場合、厳密には1のソースを作り始めるタイミングで、スパゲティをゆでる用のお湯を沸かし始めるのがベスト。するとソースができあがった少し後にスパゲティがゆであがり、段取りよく調理できます。

アウトドア気分で容器のまま調理

オイルサーディンでキャンプ飯

1人分 **98円**

材料（作りやすい量）

オイルサーディン缶……1缶
おろしにんにく……少々

〈トッピング：A〉
- パン粉……大さじ1
- 粉チーズ……大さじ1
- パセリ（みじん切り）……適量（あれば）

作り方

1 Aを混ぜ合わせておく。
2 オイルサーディンの缶のふたを開けてにんにくを加え、軽くオイルとなじませたら1をふりかける。トースターでパン粉が色づくまで焼く。

スー家では残ったオイルに唐辛子、おろしにんにく、厚めの輪切りにしたちくわを入れてアヒージョにして2度楽しみます。

おかずにも、主食にもなる！

さば缶ペペロンブロッコリー

材料（作りやすい量）

さば水煮缶（汁けをきって軽くほぐす）……1缶
冷凍ブロッコリー……200g
おろしにんにく……少々
赤唐辛子（種をとっておく）……1本
オリーブオイル……大さじ3
醤油……小さじ1
粗挽きこしょう……適量

作り方

1 耐熱容器に粗挽きこしょう以外の材料を入れ、ふわっとラップをかけ電子レンジで5分加熱する。粗挽きこしょうをふり、よく混ぜ合わせる。

1人分 **95円**

スパゲティと和えて主食に、バゲットと合わせてお酒のつまみに。電子レンジで作れてあると便利な一品です。

購入点数は1000点超え！スー家の定番入り冷凍食品

業スーの花形商品といえば間違いなく冷凍食品でしょう。とくにカツやフライなどの揚げ物は、揚げてそのまま食べるのもいいけど、丼やサンドイッチの具として使うとてもいい！　あえて業スーのカツで作りたいくらい。費用対効果（という名の腹持ち）も抜群なので、とくに男子がいるご家庭では重宝すると思います。

冷凍フライドポテトはいつも安定の低価格でうれしくなっちゃうな。自分好みの味つけができるのも魅力。よくやる味つけは、①塩＋こしょう＋ガーリックパウダー＋パセリ、②クレイジーソルト、③タコスシーズニングです。

これまで試した業務スーパー商品は1000点以上!!
そんなわたしのお気に入りの冷凍食品大発表〜!
白身フライ
業スーは市販の冷食とちがって薄めの味つけだったりソースなどで味付けされていないものが多く自分好みにアレンジできるのが魅力!
熱量の高い売り場フライ系から!
豚ロースカツ
揚げた後はウスターソースの海にひたして白飯の上に
ドーーーン
カツ×ウスターソースにまちがいナシ!
お肉がすんごくやわらか〜い
あとカツサンドを作るのに絶妙な厚さ
残りもののカレーにトッピングすれば新しいごちそうに生まれ変わる!
一口カツタイプもありま〜す♪

ミート コロッケ
カレー コロッケ
野菜 コロッケ
コロッケ
ミート・カレー・野菜…と種類が豊富なんです♡
お肉屋さんで立ち食いしてるかのような味ニャ〜
ほんのり甘くて万人受けするノスタルジーなコロッケ…♪
わたしはこの方法でフライを復活させます!
ス一子的アドバイス!!!
ジュウ! ジュウ!
① フライ系は一度に全部揚げる
② 冷凍
③ 自然解凍
④ トースターで焼く!
冷凍ポテト売り場も激アツですよー!!!
なんでフライドポテトの種類が多いのニャ?
フライドポテトってシンプルなだけに人それぞれ好みがありますよね? 太さや食感でも味が変わるしどんな要望にもお応えしますってワケ!
ズラ〜リ
FRENCHFRIES
LUTOSA
プレミアムシューストリング
1kg
ココがスゴイ
ベルギーから直輸入してます!
フライドポテトの発祥国はベルギー!
本場の味がここにある!
(と言われてる)
みんな知ってた!?
いろんなタイプ食べ比べてみて!
注意点
コンソメなどで味つけした場合はスパイスが焦げる! なので塩味のみ有効
油をひかず冷たい状態からフライドポテトを投入! シャカシャカふりつつ加熱すると生き返る♪
冷えてしなしなになったフライドポテトの蘇生法
ジュウ ジュウ
多めの油で揚げるほうがうま〜い!
買ってきたら一気に揚げる!

レシピは
次のページへ!

カツ＆ウスターのおいしさ悶絶級

ソースしみしみカツ丼

材料（2人分）

冷凍豚ロースカツ……2枚
ウスターソース……適量
紅しょうが……15g
ごはん……丼2杯分
サラダ油……適量

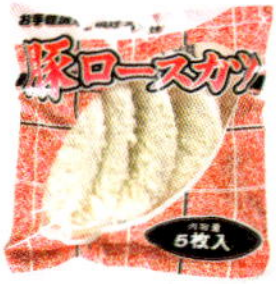

作り方

1 フライパンにサラダ油を熱し、180℃になったら凍ったままの豚ロースカツを入れ揚げ焼きする。丼にごはんを敷き詰めておく。
2 揚がった**1**をウスターソースにドボンと入れ、全面にソースを染み込ませる。
3 **2**を**1**のごはんの上にのせ、紅しょうがをトッピングする。

1人分
144円

とんかつといえば豪華で夕飯のイメージですが、業スーのとんかつなら低価格で、気兼ねなくお弁当にも使えるのが最高。

1人分
54円

スー家では一度に揚げて冷凍保存しているコロッケで作ります。玉ねぎの水分で味が薄くなったらすき焼きのたれを足して調整しましょう。

ごはんにのせて丼にも

コロッケ卵とじ

材料（2人分）

冷凍ミートコロッケ……2個
すき焼きのたれ……大さじ4
水……大さじ2
冷凍スライス玉ねぎ……100g
卵（溶いておく）……3個

作り方

1 コロッケは表示どおりに揚げておく。
2 鍋にすき焼きのたれ、水、玉ねぎを入れて火にかけ、玉ねぎがしんなりして煮立ったら、**1**のコロッケを加えて卵をまわしかけ、卵がお好みの硬さになったら完成。

ウスターソースが
しみしみ、じゅわ〜！

厚さが絶妙！カツサンド

業スーのカツはこの厚みもいいんです！ ６枚切りの食パンと同じ厚さゆえの絶妙な味のバランス！ カツサンド好きならわかってくれるはず。

1人分
166円

材料（2人分）

冷凍豚ロースカツ……2枚
食パン……4枚
ウスターソース……適量
バター……小さじ2
キャベツ（せん切り）……2枚分
サラダ油……適量

〈辛しマヨネーズ：A〉
練り辛子……小さじ1
マヨネーズ……大さじ2

作り方

1 フライパンにサラダ油を熱し、180℃になったら冷凍のまま豚ロースカツを入れ揚げ焼きする。**A**は混ぜ合わせておく。
2 揚がったカツをウスターソースに浸す。
3 食パンの片面にバターと**A**を塗り、キャベツ、**2**の順でのせる。もう一枚のパンではさむ。

スー子の裏技

お腹いっぱい食べたいから耳つきでワイルドにいただきます。具をはさんだらラップできつくくるんでパンと具を密着させましょう。食べるときはラップごと切って、ラップを持って食べれば衛生的ですよね。

しば漬けを使って

白身魚のタルタルフィオレ

しば漬けにしっかり味があるので味つけはマヨネーズだけ。大葉をはさみ、和洋ミックスで仕上げたので後味は意外にさっぱりしています。

1人分 98円

材料（2人分）

冷凍白身フライ……2枚
コッペパン……2個
大葉……4枚

〈ピンクのタルタル：A〉
- ゆで卵（殻をむいてみじん切り）……2個
- マヨネーズ……大さじ4
- しば漬け（みじん切り）……大さじ2

作り方

1 白身フライを表示どおり揚げ焼きにする。Aを混ぜ合わせ、タルタルソースを作る。

2 コッペパンに切り目を入れ、大葉、1の白身フライ、タルタルソースの順にはさむ。

しば漬けのタルタルソースは色がつくまでちょっと時間が必要。作って5時間くらいたつとこんなかわいいピンク色に。

スー子の裏技

わざわざゆで卵を作るのがめんどうなときは電子レンジで。①耐熱容器に卵を割り入れ爪楊枝などで黄身に穴を開け（爆発防止のため）②ふわっとラップをして電子レンジ（500W）で2分半加熱するだけ。潰してソースにするから、この作り方でも問題なし！

フライのコクで長時間煮込んだ味に

フライドポテト肉じゃが

1人分
103円

材料（2人分）

冷凍フライドポテト（ナチュラルウエッジ）……200g
牛肉か豚肉（こま肉）……100g
冷凍スライス玉ねぎ……100g
糸こんにゃく（食べやすい大きさに切る）……200g
サラダ油……適量

〈煮汁：A〉
すき焼きのたれ……大さじ5
水……1と1/2カップ

作り方

1 フライパンにサラダ油をひき、肉を炒める。肉の色が変わったら、玉ねぎ、糸こんにゃくを加えさらに炒める。
2 Aを加え煮立ってきたらポテト（冷凍のまま）を入れる。弱火で3～4分煮る。

煮込みに冷凍フライドポテトを使う場合は、揚げずそのまま入れたほうが、なぜか味がしみ込みやすいです（スー子調べ）。

テリッとコクのある照り焼き風

肉巻きフライドポテト

1人分
67円

材料（作りやすい量）

冷凍フライドポテト（シューストリング）……100g
豚ばら肉……6枚　サラダ油……適量
水……大さじ1
焼肉のたれ……大さじ2～3

作り方

1 ポテトを6つに分け、豚肉の端にのせてくるくる巻く。同様に6個作る。
2 フライパンにサラダ油をひき、綴じ目を下にして1を置く。途中転がしながら焼き、しっかりきつね色に肉が焼けたら水を入れてふたをし、1分蒸し焼きにする。
3 焼肉のたれを入れ、転がしながら焼き絡めて完成。

冷凍フライドポテトは解凍しなくても、蒸し焼きすることで中まで火が通ります。お弁当にあと1品ほしいときにもお役立ち。

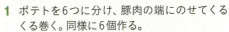

もう下処理はいらない！調理が手軽すぎるお魚シリーズ

お魚シリーズはとにかく使いやすいから、これで魚料理が苦手な人が少しでも減るといいなぁ。白身魚は味が淡泊だから、塩・こしょうをしっかりふるのがオススメ。たくさん食べたいスー家では2枚重ねにしてフライを作ったりしていますよ。

鮪のたたきのこと熱く語らせて！　真空パック入りの冷凍だから劣化しづらい、さらに流水解凍ですぐ食べられる。「今日、白ごはんしかない～」ってときに冷凍庫にこれがある生活は間違いなくQOLが上がるよ～。250g入りだから、スー家の場合だと丼飯だと大人2人分、小丼として作るなら大人3人分、少食なら4人前……これで498円ってかなり安いよね。

オススメの冷食まだまだあります!!
お次はお魚系です！
・骨とりシリーズ・
あらかじめ骨をとって調理しやすい形状に加工して冷凍したのがこのシリーズなんです♡
骨とりサワラ
白身魚のフィレ
PANGASIUS FILLET
500g
白身魚は使い勝手抜群
解凍するとドリップがでてうま味成分が抜けるので半解凍での調理がオススメ！
ジャーーン
コレは白身魚のフィレで作ったムニエル！
P. 58
からあげやフィッシュ＆チップスもサッと作れるし骨がとってあるから小さいお子さんにもいいですよ☆☆

骨とり赤魚
頭部を落として冷凍した赤魚！
一尾の存在感があるのでアクアパッツァがオススメ！
骨とり赤魚
作り方は
①(みじん切り)にんにく1片 オリーブオイル大さじ2を熱して、赤魚2尾を焼いたら…
②殻付きムール貝12個 白ワイン100ml・水50mlを入れて加熱。
③沸騰したらプチトマト8個を入れて完成!!
業スーにもある！
ごちそう感満載なのにとっても簡単
ニャ〜
たべたい〜
自宅で！手巻き寿司はいかが
鮪たたき
業務用
真空パック
コレはね…
冷凍鮪たたき
それはなあに？
にゅ〜
お子さんも簡単に手巻き寿司が作れます
自然解凍して袋の端を切ってそのまま絞り袋として使えるから便利
冷食を使うとラク！
とにかく手間抜きの技術がすごいのが業スー
利用しない手はないっ
魚って下処理がめんどうでハードル高いけど
じゅるり
ネギトロ丼にももちろんオススメ

レシピは
次のページへ！

シンプルな塩さばが
絶品寿司に早変わり！

巻き簀なしの さば棒寿司

1人分
157円

材料（2人分）

冷凍さばフィーレ
（半解凍しておく）
……3枚

ごはん……2合
白ごま……少々

〈合わせ酢：A〉
酢……大さじ4
砂糖……大さじ2
塩……小さじ1

甘酢しょうが……100g

作り方

1 ごはんにAを混ぜ合わせ、白ごまをまぶす。

2 塩さばの骨をとり、両面に塩をふり（2つまみ程度、分量外）魚焼きグリルで焼き、キッチンペーパーで余分な脂を拭き取る。

3 広げたラップの上にさばを置き（皮目が下）、甘酢しょうが、酢飯の順にのせラップできつく巻き5分くらい休ませる。濡らした包丁で、ラップごと切る。

買うと1本1000円はするさば棒寿司も、自分で作れば破格カクカク、破格カク～！ 甘酢しょうが入りで魚臭さも解決。

スー子の裏技

骨をとる手間はありますが、その努力が報われるおいしさです。ラップできつく巻いたら、両端をひねってキャンディー包みに。このひと手間でさばとごはんがしっかりなじむだけでなく、ラップごと切ることで、包丁を入れたときに具がくずれにくいメリットも！

※魚は半解凍してから使ってください。

1人分
214円

白身がふわっ！
肉厚でやわらかい

丸ごと赤魚の煮付け

材料（2人分）

赤魚（丸ごと、半解凍しておく）
……1袋（400尾）

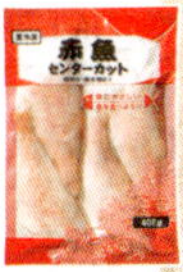

〈煮汁：A〉
- しょうが（輪切り）……1かけ（10g）
- 水……1カップ
- 酒……大さじ5
- 醤油……大さじ4
- みりん……大さじ3
- 砂糖……大さじ3

作り方

1. 鍋にAを入れ火にかけ、煮立ったら赤魚を加えて落としぶたをして中火で煮る。
2. 鍋の煮汁にほんのりとろみがついたら火を止める。

とにかく簡単。業スーの赤魚は1尾丸ごとタイプで主役感あり。鍋に放り込むだけで立派なおかずが完成します。甘じょっぱくてごはんがすすむ味ですよ〜。

スー子の裏技

業スーの「赤魚」は頭をとった丸ごとタイプ（写真の商品）のほかに、切り身タイプもあります。丸ごとタイプは煮魚のほかに、酒蒸しもオススメ。切り身タイプは塩をふってシンプルに焼き魚にしてもラクチンうまし！

マッシュポテトを
たっぷりのせてどうぞ！

白身魚のムニエルとカレーマッシュポテト

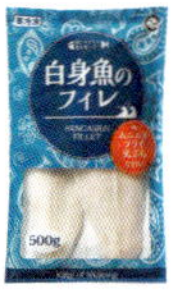
白身魚のフィレ
500g

材料（2人分）

白身魚のフィレ（半解凍しておく）……2切れ
冷凍ポテト……300g
牛乳……大さじ6

〈**A**〉
- バター……30g
- カレー粉……小さじ1と1/2
- 塩……小さじ1/2
- 醤油……大さじ1

塩・こしょう……各適量
小麦粉……小さじ2
バター……20g

作り方

1 冷凍ポテトに牛乳を加え、ふわっとラップをかけ電子レンジ（500w）で6分加熱する。**A**を加えなめらかになるまでマッシュする。

2 白身魚に塩・こしょうをして小麦粉を軽くはたく。

3 フライパンにバターを入れ**2**を焼く。あまり動かさずに弱火でじっくり焼き、こんがりしたら取り出す。皿に盛り付け、**1**を添える。

白身魚の淡泊な味とカレー味がよく合う。白身魚はやや身がくずれやすいので、あまりひっくり返したりせず、触らず焼きましょう。

1人分
167円

スー子はひとりで
2切れいけちゃいますね

お魚ユッケでヘルシー！うまし！

まぐろユッケ

材料（2人分）

冷凍まぐろのたたき（解凍しておく）……150g
焼肉のたれ……大さじ3
ごま油……小さじ2
大葉……適量
卵黄……1個分
白ごま……少々（あれば）
青ねぎ（刻んでおく）……適量（あれば）

作り方

1 まぐろのたたきと焼肉のたれ、ごま油をよく混ぜ合わせる。
2 皿に大葉を広げるように並べ、**1**をこんもりと盛る。
3 真ん中をスプーンで凹ませ卵黄を落とし、お好みで白ごまや青ねぎをふる。混ぜながらいただく。

1人分 160円

ユッケにとろ〜っと濃厚な卵黄が絡むとおいしさに悶絶。韓国のりで包んで食べるのもオススメ。

1人分 175円

スー家では購入後の半解凍状態で4等分にし、ラップをして冷凍保存。これを1かけ、ホカホカのごはんにのせて食べるのが至福のひととき〜。

ふつうに買うより断然お得！

冷凍まぐろでねぎとろ丼

材料（2人分）

冷凍まぐろのたたき（解凍しておく）……150g
長ねぎ（みじん切り）……大さじ2
ごはん……茶碗2杯分
刻みのり……適量（あれば）
わさび醤油……適量

作り方

1 鮪のたたきと長ねぎをよく混ぜ合わせる。
2 茶碗にごはんをよそい、**1**をのせる。お好みでのりを散らし、わさび醤油をかけていただく。

知る人ぞ知る人気商品!

Column 1

日用品セレクション

非常食も業スーで!

おとなの大盛カレー

　地震や自然災害の多い日本。みなさん、防災グッズはお揃いですか。

　確実に使うかどうかわからないけど備えておきたいものこそ、業スーで揃えてみませんか、というのがスー子の提案。レトルト食品や缶詰、飲料水が低価格で準備できますし、賞味期限が近づいたらおいしくいただいちゃいましょう。

1食
55円

この「おとなの大盛カレー」に揚げなすやポテトをトッピングし、具だくさんにするのがスー子流。甘口、中辛、辛口と3種あり(甘口でも平均より辛口です)。

Chapter

2

手間抜き編

43 レシピ

業務スーパーだから できる超・時短調理

時間がないときの強い味方、冷凍野菜を使い倒す

スー家でもよく和食を食べるのだけど、洋食に比べると作るのがめんどうすぎじゃない？　ささがき、いちょう切り、せん切り……そんな手間を省いてくれる冷凍野菜に感謝！

便利なだけじゃなく、おいしすぎるのがこの「揚げなす乱切り」。すでに揚げてあるので電子レンジで加熱解凍するだけでいいんです。煮浸しやカレーやお味噌汁のトッピングに1人4粒くらいがちょうどいい。

スー家では、豚のしょうが焼きはこの揚げなすを使って作ります。肉汁をたっぷり吸ったとろとろのなすがウーマイベイベー、ウーマイベイベー。玉ねぎもいいけど、揚げなすも超オススメしたい。

冷凍野菜
いまや手間抜き調理に欠かせない強い味方
わたしは2つの基準で使い分けてます
まずは基準1！
下処理が面倒な野菜！
皮むくのが大変な根菜とかネ☆
特にコレ
冷凍さといも
さといも
冷凍野菜は解凍してから使うと食感や風味が落ちるので凍ったままの調理が鉄則！
絶対守ってください
さといもの皮むきってすべるし〜って悩みが多いのかコレは
激売れ商品！
にっころがしもあっというま♥
お婆ちゃんの煮っころがし
他にも
コロッケやグラタンにしても気軽に使えるので料理の選択肢が広がります

冷凍ごぼうにんじんミックス

ほれほれ～
こういうのもほしいんじゃないですか
ごぼうにんじんミックス
500g

し・か・も

根菜類は冷凍することによって繊維が崩れて味が染み込みやすいのでーーす！

むく&細切りの手間なしのごぼう!?
ほしいニャ～ン
!

そして2つ目の基準
風味ましまし野菜

料理のコクやうま味をタンパク質（肉）で出すって考えもあるけど 実は野菜もいい仕事します!!!!

冷凍揚げなす乱切り

煮物・あんかけ料理に！
揚げなす
乱切り
500g

超オススメ！
迷わず買って

自分で揚げると大変だけどコレなら楽♡
おかずに加えると満足感がアップ↑↑
みそ汁やそうめんにもよく合いますよ♪

揚げてあるってとーってもイイ!!

揚げなすそうめん

ジュワッとジューシーな揚げなすがシンプルなそうめんに最適～

1品足りない&おかずの素材が足りない時は冷凍野菜を活用ニャ
さといも

肉で巻いて焼くだけ！お弁当のおかずにぴったり

こんな商品もあります
冷凍オクラ

オクラの毛羽もヘタも取ってあるからそのまま使える！

オクラ

レシピは
次のページへ！

丸ごと入れて
炊くだけ、なのに絶品！

さといもと しょうがの 炊き込みごはん

材料（2人分）

冷凍さといも
……300g

米（研いでおく）
……2合

〈味つけ：A〉

- 和風だし（顆粒）……小さじ2
- 醤油……大さじ2
- 酒……大さじ2
- みりん……大さじ2

しょうが（せん切り）
……2かけ（30g）

青ねぎ（みじん切り）……少々

しょうがの辛みがアクセント。さといもは軽くしゃもじで切りながら混ぜると食感がよくなります。炭水化物＋炭水化物＝うまいの法則、腹持ち最高！

1人分
54円

作り方

1 炊飯器に米を入れ、Aを加えてから2合の目盛りまで水を入れる。

2 しょうがの半量を散らし、その上にさといも（冷凍のまま）を入れ炊飯する。

3 炊けたら残りのしょうが、青ねぎを加え、下から大きくかき混ぜる。

もちもち、ねっとりがクセになる

さといも ミートグラタン

材料（2人分）

冷凍さといも……1/2袋（250g）
レトルトミートソース……1袋（280g）
とろけるチーズ……適量

作り方

1 さといも（冷凍のまま）をグラタン皿に入れ、ふわっとラップをして電子レンジで5〜6分加熱する。フォークで粗めにつぶす。
2 1の上にミートソースをかけ、チーズをのせてトースターで焼き目がつくまで焼く。

さといもは粗めにつぶして食感を楽しんで。さといもをレンチンして水分がでるようなら水切りしてくださいね。

1人分
124円

1人分
60円

栄養満点の冷凍かぼちゃは軽くレンチンするだけでラクにつぶせてお手軽なんです。皮までムダなく食べちゃおう！

おしゃれなデリも
冷食で簡単に！

かぼちゃとクリチのデパ地下風サラダ

材料（2人分）

冷凍かぼちゃ……1/2袋（250g）
クリームチーズ……50g
マヨネーズ……大さじ1
塩・こしょう……各少々

作り方

1 かぼちゃ（冷凍のまま）を耐熱容器に入れ電子レンジで5〜6分加熱し、フォークで皮ごとつぶす。
2 クリームチーズを小さくちぎって1に加える。マヨネーズ、塩・こしょうを加え、よく混ぜ合わせる。

ほっこり、じんわり
癒しの味

かぼちゃのほうとう風

材料（2人分）

冷凍かぼちゃ……300g
豚ばら肉……120g
水……800ml
和風だし（顆粒）……大さじ1
薄揚げ（拍子切り）……1枚
長ねぎの白い部分（小口切り）……少々
きしめん……2玉
味噌……大さじ4
サラダ油……適量

作り方

1 鍋にサラダ油をひき、豚肉を焼く。焼き目がついたら水と和風だしを加える。

2 1にかぼちゃ（冷凍まま）、薄揚げ、長ねぎを加えて火にかけ、沸騰したらきしめんを入れる。うどんが温まったら味噌を溶き入れる。

かぼちゃは半分形がなくなるぐらいまで煮込むのがオススメ。ねぎは冷凍食品を使うとより手間抜きが可能。白ねぎがなければ、青ねぎでもOKですよ！

1人分
129円

面倒なごぼうの
下処理は一切なし！

冷凍ごぼうで時短鶏めし

材料（作りやすい分量）

冷凍ごぼうにんじんミックス
……1/2袋（250g）

ごぼうにんじんミックス

米（研いでおく）
……2合

鶏むね肉（皮をとり1cm角に切る。皮はだしに）……1枚（200g）

麺つゆ（ストレート）
……大さじ5

三つ葉……適量（あれば）

作り方

1 炊飯器に米を入れ、麺つゆを入れてから2合の目盛りまで水を加える。

2 鶏肉、鶏皮、ごぼうにんじんミックスを入れ炊飯し、炊けたら鶏皮だけ取り出しかき混ぜる。器によそい、お好みで三つ葉をちらす。

鶏皮をだしに使うから、麺つゆだけで驚きのおいしさだよ～。ごぼうもにんじんも冷凍すると繊維が破壊されるので、やわらかく煮えます。

1人分
62円

残ったらおにぎりにすると
うまうまパラダイス！
冷えてもおいししいんだな～。
これが食べたくてわざと
たくさん炊きます

切るのはトマトだけ！
コクうまエスニック

揚げなすの彩りメキシカンサラダ

1人分 155円

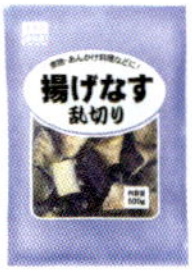

揚げなす
乱切り

材料（2人分）

冷凍揚げなす
……200g

ミックスビーンズ
……1/2缶（55g）

トマト（角切り）……1個

オリーブオイル
……大さじ1

タコスシーズニング
……1袋（16g）

作り方

1 ミックスビーンズはザルにあけ、水ですすいでぬめりをとり水けをきっておく。揚げなすは表示どおりに電子レンジで加熱する。

2 器に**1**と残りの材料を入れ、よく混ぜ合わせる。

トマトの酸味でさっぱり食べられる副菜メニュー。タコスシーズニングは私はS&Bの商品を愛用しています。トルティーヤの皮にのせ、チーズをかけて焼いてもグー。

ミックスビーンズは
メーカーによって
分量が違うので、使いやすい
サイズを選んでくださいね

なすから濃厚な
つけ汁がジュワッ〜

ジューシー揚げなすそうめん

1人分 150円

冷たい麺には揚げた"油"がほしくなるよね〜。ならばこれ。揚げなすの油分でコクのあるつけ汁が完成します。

材料（2人分）

冷凍揚げなす
……1/2袋（250g）

豚ばら肉（3等分に切る）
……120g

そうめん……3束

麺つゆ（ストレート）……80ml

水……1カップ

おろししょうが……適量

みょうが
（半分に切って斜め切り）
……1個

作り方

1 鍋に麺つゆと水を入れ火にかけ、沸騰したら豚肉と揚げなす（冷凍まま）を加えて5分ほど煮る。

2 そうめんはゆで、冷水でしめて水けをきっておく。

3 お椀に1を入れ、おろししょうがとみょうがをのせ、つけ汁としてそうめんをいただく。

ポイント

麺料理で簡単にすませたいけど、おかずもたっぷり食べたいときってありますよね？ そんなときはつけ汁を具だくさんにするのがオススメ。ス一家のつけ汁、ほぼ汁が見えないくらい具がいっぱいです。

ねぎで作ってもやっぱりうまし！

青ねぎ玉

材料（2人分）

青ねぎ……半袋（250g）
卵（溶いておく）……3個
サラダ油……適量

〈味つけ：A〉
オイスターソース……大さじ1
醤油……小さじ1
酒……大さじ1

作り方

1 フライパンにサラダ油をひいて卵をふわっと焼き、いったん取り出す。
2 同じフライパンで青ねぎを冷凍のまま炒め、しんなりしたら卵を戻す。Aを加えさっと炒める。

にら玉ならぬ……青ねぎをたっぷり使ってみました。調味液の代わりに麺つゆか白だしを大さじ2入れてもOK。サラダ油の代わりにごま油でも。

1人分 60円

断面がかわいいお星さま！

オクラの肉巻き

材料（2人分）

冷凍オクラ……12本
豚ばら肉……160g
塩・こしょう……各少々
焼肉のたれ……大さじ1
サラダ油……適量

作り方

1 豚肉に塩・こしょうをし、オクラを端から巻いて軽く握って密着させる。
2 フライパンにサラダ油をひき、1の巻き終わりを下にして焼く。余分な油がでたらキッチンペーパーで拭き取る。
3 オクラと肉に火が通ったら火を消し、焼肉のたれを入れ余熱で炒め絡める。

1人分 92円

焼肉のたれで味が決まる！　業スーの焼肉のたれは味のバランスがよく、さまざまな炒め物に使えるので一家に1本を推奨します！

味よし、コスパ最高！
おいしくて興奮

コーンの軍艦巻き

1人分 **59**円

110円の回転寿司を超える破格のコスパ寿司がここに誕生！コーンの甘みとごはんが意外な好相性で無限に食べられます。

材料（2人分）

冷凍カーネルコーン
（電子レンジで加熱し、冷ましておく）……150g

ごはん……1合

〈合わせ酢：A〉
- 酢……大さじ2
- 砂糖……大さじ1と1/2
- 塩……小さじ1

〈味つけ：B〉
- マヨネーズ……大さじ4
- 砂糖……小さじ1
- 塩……少々

のり（角切り）……2枚

作り方

1. ごはんと**A**を混ぜ合わせ酢飯を作り、冷ましておく。コーンと**B**を混ぜ合わせる。
2. **1**の酢飯をシャリサイズに握りのりを巻きつけ、コーンをのせて軍艦にする。

洗い物はいらない！ まな板なしで使える食品はこれだ

冷凍野菜を活用することで、多くのまな板を使わない調理が可能になるけど、冷凍のひき肉という便利な商品があったとは！　切らずに使えるひき肉は本来便利なもの。「生のひき肉が手に入るのに、なぜわざわざ冷凍を買わないといけないのさ？」と思いますよね。メリットがあるんです。①少量だけ取り出せる、②解凍不要で即座に使えて、油もいらない。これが使ってみると本当に便利。

冷凍肉だんごも肉代わりにそのまま使えてまな板いらず。スー家ではこの肉だんごを使って『ルパン三世 カリオストロの城』にでてくるミートボールスパゲッティを作りました〜。
今日もつかれたニャ
ニャア〜
ごはん作るのめんどうニャ…
あれこれ切ったり洗い物したり…

わかる！
そんな日は洗いものだけでも減らしたいよね！
包丁＆まな板を使わないで調理できる商品を紹介します！
炒め物にはコレ
3色パプリカ
3色セットになってるのがなんともいえずいいんですよ〜♡
野菜の色が3色あると華やかさが出る
野菜炒め・ピザなどのいろどりに！
パプリカ
500g
細切りで厚さも均一
冷凍のまま
入れてください
イカと一緒に炒めてもおいしいよ〜

粒状に冷凍されたミンチ♡
合挽ミンチ
ひき肉を少量使いたい時ってありません？市販のミンチだと一度冷凍しちゃうと小分けして解凍できない〜！
（一手間加えればできるけどめんどう…）
でも大丈夫!!
これをパラパラ入れるだけで解決♡
牛豚合挽
ミンチ
冷凍食肉
業務用
国内加工
バラ凍結
ジャーッ
キッチンバサミを使うのもいいけど切らずに使えるお肉はいかが？
活用法
もやしとひき肉のしょうが焼き丼
煮物のひき肉あんかけ
もちろん冷凍野菜を使って手間抜き！
あとコレコレ〜〜〜！
冷凍肉だんご
国産鶏肉を使ってるんですよー！
いくらでも食べられるニャ
国産鶏肉使用
業務用
肉だんご
500g
500gとたっぷり入って一粒なんと5円！
お財布にやさし〜〜!!!!!!!
即調理に使えるのも最高〜♡
パスタに
クリームシチューに
お鍋に
味つけは同じく業スー商品の「中華甘酢あん」がオススメ
かけて焼くだけで味が決まる！
中華甘酢あん
豚肉のかわりにして
酢豚を作るのもスキです
レシピは次のページへ！

3色のパプリカで
華やかに！

豚肉で
青椒肉絲

材料（2人分）

冷凍パプリカ
……1/3袋（130g）
細切りたけのこ
……1袋
豚こま肉……200g

塩・こしょう……各少々
片栗粉……適量
ごま油……適量

〈味つけ：A〉
オイスターソース
……大さじ1
醤油……大さじ1
みりん……大さじ1
鶏がらスープの素
……小さじ1

1人分
165円

豚肉に片栗粉をまぶしておくことで食感と調味料との絡みがよくなるので、このひと手間はかけてみて。野菜を切るのは手間抜きしましょう。

作り方

1 豚肉に塩・こしょうし、片栗粉を軽くまぶしておく。

2 熱したフライパンにごま油をひき、1を焼く。あらかた火が通ったらパプリカとたけのこを加えて炒め合わせる。

3 肉に火が通ったらAをすべて加え軽く炒める。

これもお伝えしたかった！

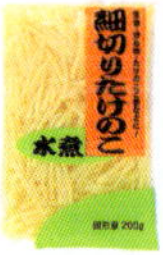

まるごとタイプの水煮もあるけれど、やっぱり細切りしてあるのが断然便利ですよね～。しかも業ス一商品なら低価格でお得です。料理には食感も大事！　炒めもののほかに、春巻きやおこわに入れるとコリコリした食感が楽しめよりおいしくなります。

プリプリした食感と
にんにくのいい香り…
箸が止まらない！

パラパラミンチの麻婆春雨

スー家では長ねぎは冷凍白ねぎカット食品を活用しますが、なければ生をみじん切りにしてもOKです。

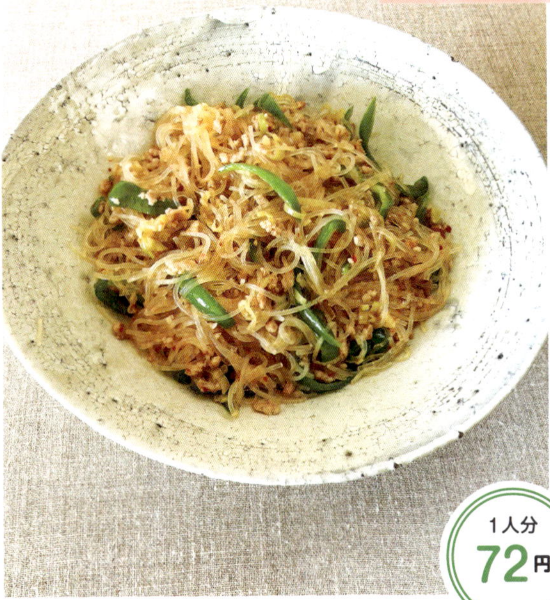

1人分
72円

材料（2人分）

牛豚合挽
ミンチ
業務用

千切り
ピーマン

冷凍牛豚合挽ミンチ……100g
冷凍ピーマン……2つかみ
春雨（戻しておく）……70g

長ねぎの白い部分（みじん切り）……50g
おろしにんにく……少々
おろししょうが……少々
豆板醤……小さじ1
サラダ油……適量

〈味つけ：**A**〉
- 水……100ml
- 酒、醤油……各大さじ1
- 鶏がらスープの素……小さじ1
- ごま油……少々

フレーク状のひき肉だから、だまにならず、春雨全体に絡みます

作り方

1. 熱したフライパンにサラダ油をひき、ひき肉、にんにく、しょうが、豆板醤、長ねぎを炒める。
2. 肉の色が変わったらピーマン（冷凍のまま）、春雨を加えて軽く炒め、**A**を入れて汁が飛ぶまで中火で炒める。

時短カレーの最高記録!?
さらにうまい、安い!

ミックスベジタブルカレー

1人分
90円

材料(2人分)

冷凍牛豚合挽ミンチ
……150g
冷凍ミックスベジタブル
……100g
冷凍刻み玉ねぎ
……100g
おろししょうが……少々
おろしにんにく……少々
水……1カップ
カレールゥ(固形)……2かけ
醤油……小さじ2

作り方

1 フライパンにひき肉を入れてから火をつけ、弱火であまり動かさず焼くように炒める。肉から脂を出しながら焼くのがポイント。

2 脂がでたらしょうが、にんにく、ミックスベジタブル、玉ねぎ(ともに冷凍のまま)を加え炒める。

3 しんなりしたら、水、ルゥ、醤油を加え、汁けがなくなるまで炒める。

ひき肉から出たうま味たっぷりの脂で調理するのがポイント。市販のルゥはメーカーによってとろみ加減が変わるので、加熱時間は調節してくださいね。

素朴な肉だんごがあの有名な
ミートボールの味に

王道の
ミートボール

1人分
45円

材料（2人分）

冷凍肉だんご……1袋（500g）
中華甘酢あん……適量

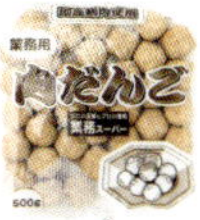

作り方

1 耐熱容器に冷凍肉だんごを入れ、ふわっとラップをし電子レンジで3分加熱する。
2 甘酢あんをかけ、和える。

真の主役は業スーの「中華甘酢あん」。とろみつきで絡みがよく、なんでもおいしくなる魔法のたれ！ これは買いです！

1人分
214円

まるっとした見た目もかわいい

肉だんごシチュー

材料（2人分）

冷凍肉だんご……1/2袋（250g）
冷凍洋風野菜ミックス……1袋
水……3カップ
シチューの素（ルゥ）……半箱
牛乳……100ml
粉チーズ……大さじ4

作り方

1 鍋に水を入れ、沸騰したら肉だんご、洋風野菜ミックス（ともに凍ったまま）を入れて加熱する。
2 肉だんごが温まったらシチューの素を溶かし、牛乳、粉チーズを加えて温める。

加熱調理済み食材だけを使っているのですべてにおいて時短！ 粉チーズを加えることで濃厚な味わいに仕上げました。

混ぜるだけでできちゃう 安うま！瓶からトリオ

混ぜるだけで一品できちゃう瓶詰総菜の中でも、使いやすいのは鮭フレーク、鶏そぼろ、チャーハンの素の３つ。とくに「味つけがいらない」から、調理の手間抜きにもなるし、料理が苦手な人の強い味方です。

生ふりかけに生七味、といろいろあるけど、このチャーハンの素はもはや生チャーハンの素ですね。しっとり肉々しい具は存在感があって、ボリュームもでる。顆粒タイプのチャーハンの素もあるけど、同じ１００円台ならこっちを買っちゃうな〜。味がしっかりしているので規定量より少し多めのごはんで作るのがスー子好み。ちなみにこの瓶１本で約10人前、１９２円。安すぎ……。

エントリーNo.1 鮭フレーク

体にやさしい魚を食べよう!!
カルシウム+
鮭
フレーク
160g

国産白鮭を中骨ごとフレーク状にすることで、カルシウムアップと同時にコストダウンも実現したすぐれもの。安いから好きなだけ食べられるのもいい！

こんな料理に

・クリームパスタやピザの具に。
・酢飯に混ぜても、白ごはんに混ぜても美味。
・炒飯や卵焼きに。

卵焼きに
白ごはんにのせて3色丼！
(炒り卵だけ作ってネ)
鮭
鶏そぼろ
おにぎりの具にも
焼飯
鮭
160
鶏そぼろ

エントリー No.3

チャーハンの素

豚肉やフライドオニオン、にんじん、長ねぎなどの具材が入ったフレークタイプのチャーハンの素。卵とごはんを一緒に炒めるだけで主食のできあがり！ これぞ究極の時短、手間抜き調理。

こんな料理に

・卵焼きやオムレツの具に。
・温かいざるうどんにふりかけ、卵黄と一緒によく混ぜる。

エントリー No.2

鶏そぼろ

粗びきの鶏肉ににんじん、ごぼう、しょうがなど野菜入り。甘辛で飽きのこない醤油味です。写真は瓶タイプ160gで、1kg入りの徳用サイズもあり。さまざまな和食の具に使えるので徳用も余らすことなく使えるはず。

こんな料理に

・片栗粉でとろみをつけて、かぼちゃや大根のそぼろあんかけにも。
・インスタントラーメンのトッピングに。もちろん炒飯にも。
・冷ややっこのトッピングに。

スー子の裏技

鮭フレークや鶏そぼろは、じつはパンとの相性も抜群！　食パンにのせてマヨネーズ醤油、とけるチーズで和風ピザトーストにするのもオススメです。忙しい朝に、とくに朝からしっかり食べたい人にぴったりの朝食メニューになりますよ。

おにぎりにして
お弁当にも！

鮭フレークで ちらし寿司

材料（作りやすい分量）

鮭フレーク……1瓶
甘酢しょうが（みじん切り）……30g
大葉（細切り）……10枚
ごはん……2合

〈合わせ酢：A〉
酢……大さじ4
砂糖……大さじ3
塩……小さじ1

〈炒り卵：B〉
卵（溶いておく）……2個
砂糖……小さじ2

作り方

1 ごはんに**A**を混ぜ合わせ酢飯を作り、冷ましておく。**B**を混ぜ合わせ炒り卵にする。

2 **1**の酢飯に甘酢しょうが、大葉、鮭フレークを加えてよく混ぜ合わせる。器に盛り、**1**の炒り卵をトッピングする。

甘酢しょうがと大葉を加えて、後味をさわやかに。炒り卵は混ぜ込むよりもトッピングしたほうが、ふわふわ食感が残ります。

1人分 **88**円

卵のとろみとごま油の香りがたまらない！

鶏そぼろで台湾まぜそば

1人分
140円

材料（2人分）

鶏そぼろ……1瓶
中華麺……2玉
にら（4cm長さ）
……1/2束（50g）

〈トッピング：**A**〉
青ねぎ（みじん切り）
……大さじ2
のり……適量
かつお節……20g

卵黄……2個分
おろしにんにく
……適量（あれば）
ラー油
……適量（あれば）
ごま油……適量

生のにらは麺と絡めることでしんなりするので大丈夫。一心不乱にかき混ぜ、ワシワシ食べよう！

作り方

1 中華麺は表示のとおりゆで、湯切りしておく。

2 丼に**1**を盛り、鶏そぼろ、にら、**A**をのせ中央に卵黄を落とす。お好みでにんにく、ラー油、ごま油をかけて食べる。

たっぷりあんがポイント！

梁山泊の肉あんかけ炒飯風

西東京『梁山泊』の肉あんかけ炒飯がイメージ。本場の味はパンチのきいた濃厚な味だけど、家庭用にマイルドな味わいにしてみました。

1人分
98円

材料（作りやすい量）

チャーハンの素……大さじ2
卵（溶いておく）……2個
ごはん……茶碗2杯
豚ひき肉……200g
おろしにんにく……少々
おろししょうが……少々
水……300ml

鶏がらスープの素
……小さじ2
醤油、みりん、酒
……各大さじ2
片栗粉（大さじ2の水で水溶き片栗粉にする）
……大さじ1
サラダ油……適量

作り方

1 熱したフライパンにサラダ油をひき、溶き卵を入れてふわっとしたらごはん、チャーハンの素を加えパラパラになるまで炒める。器に盛り付ける。

2 同じフライパンに油をひき、にんにく、しょうが、ひき肉を炒める。

3 肉に火が通ったら水、鶏がらスープの素、醤油、みりん、酒を加え中火で煮る。沸騰したら水溶き片栗粉でとろみをつけ、**1**にかける。

ポテサラ、メンマ…調理済み商品はベースに使う

業スーで買い物をする醍醐味は、オリジナル商品に出合えること。真空パック入り総菜もその一つ。ポテトサラダ、スパゲティサラダなどの洋食から、京風だし巻き、切干大根のうま煮などの和食まで、さまざまな種類があるんです。もしかしたらどこかの居酒屋で出合っているかも？　器に盛り付ければ、あっという間に一品完成。しかも1kg400円前後。便利！　安い！　がでかい！

スー家では総菜をさまざまな料理の具にします。総菜自体の味つけがしっかりしているから、こった味つけは必要なし。そんなこんなで、あれこれ試していくうちに気づいたら完食しているのです。

チルドの
ポテサラ
ゴボウサラダ
など
調理済みの食品の取り扱いがあるのも
業務スーパーならでは！
ドドーン
ポテトサラダ
ゴボウサラ
そのまま食べてもいいけれど…
いかにも業務用の買ってきて、移し替えただけー…がちょっとせつニャイ…かも
ニャ〜ン…
そうなの！だからね

料理のベースとして使うのがオススメ！
これ覚えて帰って〜
ポテサラ
ミックスベジタブルを加えてかさ増し！
塩もみしたきゅうりやハムを加えて努力した感があるポテサラに
ちょっと足すだけで我が家オリジナルの味にニャる♡
ゴボウサラダ
バターロールに挟んでおそうざいパンに♥
ピザのトッピングにも
豆腐にそえてサラダに♫
ドレッシングの味がごはんになじむとまろやかなコクがでる！
スー子的イチオシ
混ぜごはんにしちゃいましょー♥
レシピはP. 84
調味料として使い勝手NO. 1！
紅しょうが
おにぎり
天ぷら
チヂミ
いろいろ使うからすぐに使い切っちゃう☆
大容量なのに338円！安っ
そのまま食べてもたまらんやつ〜
メンマ
メンマ・かにかまをゴマ油であえて塩こしょうで味つけしたのよく作る♥
卵と炒めるのもシンプルにうまい
その他のオススメ

レシピは
次のページへ！

サラダで“味つけ”する
摩訶不思議なおいしさ

ゴボウサラダのまぜごはん

材料（作りやすい分量）

ゴボウサラダ

ゴボウサラダ
……400g
鶏ささみ
（1cm角に切る）……5本
すき焼きのたれ
……大さじ5
ごはん……3合

作り方

1 フライパンに鶏ささみとゴボウサラダを入れてから火をつけ、よく炒め合わせる。
2 肉に火が通ったらすき焼きのたれを加え、完全に汁がなくなるまでしっかり炒める。
3 2を炊きたてのごはんにしっかり混ぜ込む。

ゴボウサラダの油分で鶏肉を炒めるので炒め油は不要。ドレッシングを煮詰めると本来の味は消えてコクだけ残る、ちょっとほかにはない味わいです。

1人分 **88円**

このおいしさは
ぜひ試してみてほしい〜。
我ながら斬新な
リメイクになりました

油で揚げたら、もっとクリーミーになった！

ポテサラでブラジル風揚げ餃子

材料（2人分）

ポテトサラダ……200g

とろけるチーズ……50g

餃子の皮……適量

サルサソース（市販品）……適量

揚げ油……適量

作り方

1 餃子の皮にポテトサラダとチーズをのせて包む。

2 揚げ油で1をカリッと揚げ、皿に盛ってサルサソースをつけていただく。

1人分 127円

クリーミーなポテトサラダがさっぱりとしたサルサソースによく合います。ポテトサラダは調理済みなので、火の通りはあまり気にしなくて大丈夫。

スー子の裏技

写真は「風車」という包み方。①餃子の皮の真ん中にポテサラ、チーズを置き、皮のフチに水をつける。②皮を持ち上げながらつまむようにして、十字になるように閉じる、という作り方です。もちろん、一般的な餃子の包み方でもおいしく揚げられます。

メンマはおかず番長、
陰の実力者

メンマ玉子

材料（2人分）

味付けメンマ（汁けをきる）
……1袋（150g）

卵（溶いておく）
……2個

塩・こしょう
……各適量

サラダ油……適量

作り方

1 フライパンにサラダ油をひき、メンマを炒める。

2 メンマを端に寄せ、卵を一気に加えてふわっと焼く。メンマと合わせ、塩・こしょうして味をととのえる。

シンプルうまい！
これに尽きる！
豚肉を加えればメインに早変わり。
お酒のつまみにもなりますよ。

1人分
49円

スー子の裏技

このメンマは調味料にごま油が入っているタイプなので、シンプルにサラダ油で炒めたほうがおいしく作れます。お弁当などには写真のような「卵しっかり炒めタイプ」がオススメですが、半熟くらいで火を止め余熱で完成させる「卵とろとろタイプ」もうまし！ スー家はその日の気分によって作り方を変えています。

完成まで1分！

かにかまメンマ

材料（2人分）

味付けメンマ（汁けをきる）……1袋（150g）

かにかま（縦4等分に裂いておく）
……1/2袋（4本）

長ねぎ（白髪ねぎ）……適量

ごま油……大さじ1

白ごま……少々

作り方

1 皿にメンマを盛りかにかまをのせ、ごま油をまわしかける。白髪ねぎをのせ、白ごまをふる。

レシピはメンマを多めにしていますが、カニカマを増量してもOK。じつはどんな分量でもおいしい笑。

1人分
59円

1人分
30円

夏になると食べたくなる
スー家の定番

紅しょうがおにぎり

材料（2人分）

紅しょうが……適量

ごはん……適量

白ごま……適量

作り方

1 ごはんに紅しょうがと白ごまを加え、よく混ぜておにぎりにする。

紅しょうがってなんでこんなにおいしいの…。超さっぱりで、とくに食欲がない日にオススメ。のりを巻いてももちろんOK。

味つけが即決まる

大容量でも大丈夫！ぜひ買いの3大調味料

業スーの調味料ってどれも優秀なのだけど、業務用ゆえに大容量なんですよね。使い切れるか心配で買うのを躊躇している人、いますよね？　てことで、今回オススメするのはいろんな料理に使いまわせる厳選3本です！

「すりおろし玉ねぎドレッシング」はサラダにかける食べ方がダントツおいしい。ちょっと邪道だけど、①豆腐に好きな野菜をそえる。②ドレッシングをかけてひと混ぜしたら、冷蔵庫で1日おく。ドレッシングで漬け込みサラダという感じ？　豆腐から少し水分がでて、レタスもしなしなになるんだけど、それが逆においしいから試してみて。

じつはわたくし
業スーのドレッシング＆ボトル調味料
全部試しました
そんなわたしの
めちゃくちゃ推したい
3大調味料を
ご紹介します
胡麻醤油
すりおろし玉ねぎ
金の胡麻
フレンチ
1ℓ！と大容量ですが
いろんな料理に使える3アイテムなので
あっというまに使い切っちゃいますよ～！

コレ買っとけ！

3大調味料はコレだァー!!

すき焼きのたれ

三温糖を使用し、コクがありまろやかな味つけの**万能調味料**

料理初心者でもコレさえあれば必ず味が決まる！

すき焼きのたれ
和食から洋食までイケるニャ〜

すき焼きのたれで簡単！ローストビーフ

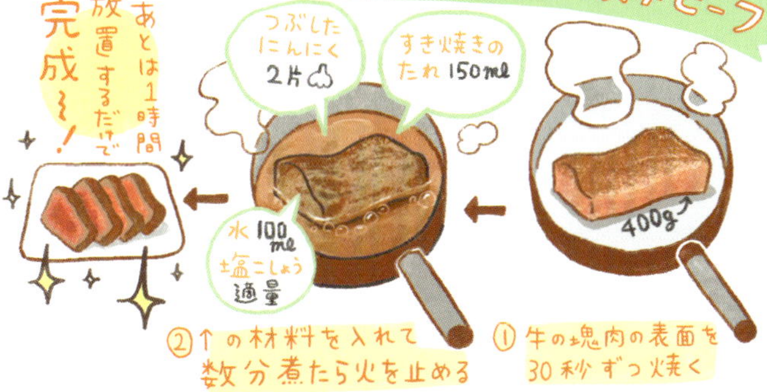
① 牛の塊肉の表面を30秒ずつ焼く
400g
② ↑の材料を入れて数分煮たら火を止める
つぶしたにんにく 2片
すき焼きのたれ 150ml
水 100ml
塩こしょう 適量
あとは1時間放置するだけで完成〜！

すりおろし玉ねぎドレッシング

豚肉をこれに漬けこむと豚独特の臭みが軽減＆やわらかくな〜る

肉150〜200gに約大さじ3

さらに

このドレッシングにバルサミコ酢を合わせて牛肉サラダにかけてもおいしいです！

すりおろし玉ねぎドレッシング 1L
銀の胡麻ドレッシング 白胡麻使用 1L

銀の胡麻ドレッシング

ごまがたーっぷり入ってます♡
どろっとしてるけど油っこくなくてクセもなくおいしい

棒棒鶏にかけたり…
刻み長ねぎラー油をプラスしてしゃぶしゃぶのタレにも♥
めんつゆと合わせてもgoodです！！

レシピは次のページへ！

ごまドレッシングと
麺つゆで味が決まる！

ごまドレで汁なし担々うどん

1人分
121円

材料（2人分）

冷凍讃岐うどん……2玉
豚ひき肉……150g
長ねぎの白い部分
（みじん切り）……少々
豆板醤……小さじ1
ごまドレッシング
……大さじ3
ごま油……大さじ1

〈スープ：A〉
ごまドレッシング
……大さじ4
麺つゆ（ストレート）
……大さじ3
豆乳……300ml

ラー油……適量（あれば）

ごまドレッシングのコクが味噌代わりに。豆乳ベースの濃厚スープがたまらない。あれこれ調味料を使わずこの味はなかなかいいね！（自画自賛）。

作り方

1 鍋に**A**を入れて弱火で温める。うどんは表示どおり電子レンジで加熱しておく。
2 フライパンにごま油をひき、ひき肉、長ねぎ、豆板醤を炒める。火が通ったらごまドレッシングを加え、ひと混ぜしたら火を止める。
3 うどんを器に盛り**1**のスープを注ぎ、**2**を盛り付ける。お好みでラー油をまわしかける。

味が濃く感じたら
豆乳を増量して
くださいね

てりマヨ味に間違いなし！

ジューシー照り焼きチキンサンド

1人分
60円

材料（2人分）

食パン（6枚切り）……4枚
鶏もも肉（半分に切る）……1枚（200g）
すき焼きのたれ……大さじ4
マヨネーズ、レタス……各適量

作り方

1 鶏肉は常温に戻し、フォークでところどころ刺し火の通りをよくする。
2 フライパンに1を入れ（皮を下にする）、中火の弱火でじっくり焼く。半分火が通ったらもう片面も焼く。完全に火が通ったらすき焼きのたれを加えて絡め、たれにとろみと照りがでたら火を止める。
3 食パンにマヨネーズ、レタス、チキンをのせサンドしラップできつく包み休ませる。ラップごと包丁で切る。

鶏肉の中心まで火が通っているか心配な場合は、少々の水を加えてふたをし、蒸し焼きにしてくださいね。

玉ねぎドレッシングでまさか…タイの味

ヤムウンセン

1人分
120円

材料（2人分）

緑豆春雨（戻しておく）……50g
玉ねぎ（スライス）……1/4個
きゅうり（千切り）……1/3本
かにかま（裂いておく）……5本（50g）
ミニトマト（半分に切る）……5個
パクチー（ざく切り）……1株

〈味つけ：A〉
すりおろし玉ねぎドレッシング……大さじ3
にんにく（みじん切り）……1かけ
唐辛子（種をとって輪切り）……1本
ナンプラー……大さじ1

作り方

1 パクチー以外の食材をAと和えてお皿に盛り、パクチーをのせる。

本場では鶏のひき肉とえびを使いますが、かにかまで代用したところ肉と魚介のいいとこどりに！

パンチのきいたおかずが
食べたいときに

揚げなすと豚のごまドレ炒め

材料（2人分）

冷凍揚げなす……150g
豚こま肉……100g
豆板醤……小さじ1
ごま油……大さじ1
ごまドレッシング……大さじ3

作り方

1 フライパンにごま油をひき、揚げなす、豚肉、豆板醤を炒める。全体に油がまわったら1分ほどふたをして蒸し焼きにする。
2 仕上げにごまドレッシングを加え炒め合わせる。

揚げなすは凍ったまま使うので蒸し焼きに（炒めすぎは肉が硬くなるのでNG）。お弁当のおかずにも。

1人分 73円

鶏肉とごぼうの相性は
マーベラス!!

安いよね！ 鶏すき

材料（作りやすい分量）

鶏もも肉（一口大に切る）……500g
長ねぎ（斜め切り）……1本
ごぼう（ささがきにする）……1本
しいたけ（石づきをとり半分に切る）……1パック
焼き豆腐（食べやすい大きさ）……1丁
春菊（一口大にちぎる）……1袋
サラダ油……適量

〈煮汁：A〉
すき焼きのたれ……1カップ
水……1カップ

作り方

1 鍋にサラダ油をひき、鶏肉と長ねぎを焼く。
2 1にAを加え煮汁が沸騰したらごぼう、しいたけ、豆腐を加えて煮込む。仕上げに春菊を加え、サッと煮て完成。

1人分 172円

たれがいい仕事をしてくれるので、節約料理とは思えないおいしさ。お好みで、メにうどんをどうぞ。

大容量調味料のたれアレンジ

業スーの調味料はたっぷりサイズ、だから使い切れるか心配という気持ちもわかります。でも大丈夫！アレンジして使い切ってしまいましょう。

すき焼きのたれのアレンジ

すき焼きのたれ（100ml）＋（水50ml）

→牛丼（たれで煮込む）、きんぴらごぼう（すき焼きのたれ、水、ごま油、唐辛子で味つけ）

すき焼きのたれ（150ml）＋水（100ml）＋おろしにんにく（2かけ）

→ローストビーフ（漬け込む）、豆腐ステーキ（水抜きした豆腐に軽く小麦粉をふって焼き、最後にからめる）

すき焼きのたれ3：ケチャップ3：酢3

→酢豚（一緒に炒める）、かじきの甘酢あん（かじきに片栗粉をつけて焼き、最後に絡める）

銀の胡麻ドレッシングのアレンジ

銀の胡麻ドレッシング＋ラー油（好みの量）

→棒棒鶏のたれ

銀の胡麻ドレッシング（大さじ4）＋ラー油（小さじ1）＋ごま油（小さじ1/２）

→しゃぶしゃぶのたれ

銀の胡麻ドレッシング（大さじ6）＋ポン酢（大さじ2）

→冷やし中華のたれ

すりおろし玉ねぎドレッシングのアレンジ

すりおろし玉ねぎドレッシング（大さじ2）＋ナンプラー（大さじ1）＋にんにく（みじん切り、大さじ1/2）

→トマトマリネ（皮をむいたトマトを漬け込む）、玉ねぎマリネ（スライスした玉ねぎを漬け込む。ハンバーグにトッピングすると絶品）

すりおろし玉ねぎドレッシング（大さじ2）＋バルサミコ酢（大さじ1）

→牛肉サラダのたれ

直輸入だから本場の味！
手間なしアジア料理

スー子の趣味は世界の料理番組を見ること。「どんな味がするんだろう」と味を想像したり、実際に作ってみたりするのが最高に楽しいんですよね。そんな私にとって輸入食品コーナーは魅惑すぎるエリア。商品を手にとり、表示されている原産国を見ては、意識を遠くかの国へと飛ばしたりしています。

業スーの輸入食品は、とくに本場仕様の調味料が充実しているんです。人気アイテムへの対応も早くて、毎回行くたびに冷食コーナーをのぞくのを楽しみにしています。トムヤムクンなどの各種スープの素もあるし、自宅でこんなに手軽に世界の料理が楽しめるなんてありがたい……。

エントリー No.1 タイカレーペースト

Real THAI
グリーンカレーペースト
Green Curry Paste
約30皿分
(内容量400g)
Real THAI
レッドカレーペースト
Red Curry Paste
約30皿分
(内容量400g)

濃厚なスパイスの味わいと辛みはさすがタイ直輸入（辛さはタイプによって異なる）。これ一つで約30皿分のカレーが作れます。残りはラップに包んで冷凍保存するのがオススメ。着色料・保存料不使用です。

レッドカレーペーストもオススメ〜！
このペーストを使った「シンガポール風ラクサ」が業務スーパーレシピコンテストで入賞！
業スーサイトでレシピ公開中！

こんな料理に

- 餃子、春巻きの肉ダネの下味に。
- からあげの下味にすると、青唐辛子や赤唐辛子の辛さがダイレクトに味わえます。辛みのおかげか油っぽさがなく、レモン汁をしぼって食べるとさらにうまし！

エントリー No.2

さつまいもはるさめ

さつまいも
はるさめ

韓国料理のチャプチェなどでおなじみ、韓国春雨のこと。その名のとおりさつまいものでん粉で作るので色が黒く、太いのが特徴。もちもちと弾力のある食感にハマります。

チャプチェはもちろんスープに入れてもウマ〜
さつまいも
はるさめ

こんな料理に

- コムタンスープなどの各種韓国系スープはもちろん、寄せ鍋などにも合う！
- 韓国版の肉じゃが「チムタク」の糸こんにゃく代わりに。

※さつまいもはるさめは中国産です。

エントリー No.3

トック

KABUTO
ラーメンや鍋にぴったり!
トック

これは直輸入品ではないけど紹介したい！トックとは韓国餅の一種で、日本の餅のように伸びずに、シコシコとした歯ごたえが特徴。火の通りが早いのでスープや鍋に便利に使えます。

こんな料理に

- 味噌汁やスープ、ラーメンにも。伸びないから大丈夫、と炒めものに使ってみましたが、すぐに食べないとカチカチになるのでスープ系での使用を推奨します！

エントリー No.4

ライスペーパー

ライスペーパー
RICE PAPER
22cm

ベトナムから直輸入。好きな具を巻いてスイートチリソースやパクチーソースを添えれば、秒でベトナムの味。

こんな料理に

- はさみなどでカットして、スープの具材やライスヌードルとしても使える。
- 油で揚げれば煎餅にもなる！

味つけの決め手は
焼肉のたれ。
あくまでも“風”。
されどうますぎ！

韓国春雨でチャプチェ風

材料（2人分）

さつまいも春雨……1袋（30g）
牛肉（薄切り肉）……200g
にんじん（細切り）……半分
玉ねぎ（くし切り）……100g
にら（4cm長さ）……1束（100g）
白ごま……適量（あれば）
サラダ油……適量

〈漬け込みだれ：A〉
焼肉のたれ……大さじ5
ごま油……大さじ2
おろしにんにく……少々

作り方

1 牛肉をAに漬け込み、よくもみ込む。春雨は表示どおりゆで、水けをきる。
2 フライパンにサラダ油をひき1の牛肉を炒め、火が通ったらいったん取り出す。
3 同じフライパンで野菜を炒め、しんなりしたら2、春雨を加え炒める。器に盛り、お好みで白ごまをふる。

焼肉のたれがなんとなく本場の味にしてくれる不思議。スー家ではこれでごはんをいっぱい食べるのが最高の幸せです。

1人分 **154円**

スー子の裏技

業スー「焼肉のたれ 香味醤油」を使った貧乏飯を紹介しましょう。ごはんに焼肉のたれ、白ごま、コチュジャン、ごま油を混ぜておにぎりにして焼く、これだけ。肉巻かないおにぎり、具なし石焼きビビンバになります！

シコシコした韓国餅が
クセになる！

プルコギトック

材料（2人分）

トック……100g
牛肉（薄切り肉）……100g
にんじん（細切り）……1/2本（100g）
にら（4cm長さ）……1束（100g）
玉ねぎ（くし切り）……1/2個（100g）
ごま油…適量

〈味つけ：A〉
すき焼きのたれ……大さじ5
水……100ml
コチュジャン……大さじ1
ごま油……適量

ほんのり甘いすき焼き味に食欲がそそられる〜。トック（韓国餅）の食感がよく、腹持ちもアップ！

1人分 127円

作り方

1 トックは2分ゆで、水けをきっておく。
2 フライパンにごま油をひき、肉と野菜を炒めしんなりしたらA、1を加えて炒め合わせる。

キムチ＆ごはんと一緒にどうぞ

ボリュームましまし コムタンスープ

1人分 156円

市販のコムタンスープに具を加えて増量。スープで春雨を戻すので弱火でゆっくり温めてくださいね。

材料（2人分）

トック……100g
コムタンスープの素（市販品）……1袋（800g）
牛肉（薄切り肉）……100g
さつまいも春雨……ひとにぎり
長ねぎ（小口切り）……少々
塩・こしょう……各少々

作り方

1 鍋にトック、さつまいも春雨、コムタンスープの素を入れ温める。
2 温まったら牛肉を加え火を通し、塩・こしょうして味をととのえる。器に盛り、長ねぎをトッピングする。

カレーとそうめんが
こんなに合うなんて！

グリーンカレーそうめん

材料（作りやすい分量）

グリーンカレーペースト……50g
鶏もも肉（一口大に切る）……250g
冷凍揚げなす……200g
冷凍パプリカ……40g
細切りたけのこ 1袋（200g）
ココナッツミルク……1缶（400ml）
ナンプラー……大さじ1
水……400m
鶏がらスープの素……小さじ2
そうめん……4束（200g）

1人分 189円

ごはん以上に合う！と思わず興奮してしまいました。野菜の品数は多いけど、冷凍食品を使うので手間抜き調理できます。

作り方

1 ココナッツミルクの油分（分離した白い塊）だけをフライパンに入れて熱し、鶏肉を炒める。鶏肉の表面の色が変わってきたら残りのココナッツミルクと水、カレーペースト、ナンプラー、鶏がらスープの素を加えて加熱する。
2 1に野菜を加えひと煮立ちさせ、器に盛る。そうめんを表示どおりゆで、つけ汁にしていただく。

ポイント

ココナッツミルクが分離していない場合は、サラダ油などで炒めてください。野菜を加えるタイミングでそうめんをゆでると、ちょうどよいタイミングで完成。辛いのが苦手な方はカレーペーストの量を減らしてくださいね。

スープを含んだ
トロトロの皮が
たまらない！

包んで食べる トムヤムクン鍋

1人分
373円

市販のスープを使った簡易版です。味が薄まるので水分が多い葉物野菜は避け、具にも工夫しました。焼売や肉だんごを入れてもおいしいよ〜。

材料（作りやすい分量）

- トムヤムクン鍋の素……1袋（800g）
- **冷凍むきえび**……12尾
- トマト（くし切り）……1個
- セロリ（斜め薄切り）……1本
- 鶏もも肉（ひと口大に切る）……2枚（400g）
- 厚揚げ（8等分に切る）……1枚
- しめじ（食べやすい大きさにほぐす）……1袋
- パクチー（ちぎっておく）……1束
- **ライスペーパー**……適量

作り方

1. 鍋にトムヤム鍋の素を入れて火にかけ、パクチーとライスペーパー以外の材料を加えて温める。
2. 具に火が通ったらパクチーをのせ、ライスペーパーをスープに落とし具を包みながら食べる。

スー子の裏技

ライスペーパーは水で戻さなくてOK。そのまま鍋に入れるとスープを吸ってやわらかくなります。きれいに広がらずくしゃっとしてしまっても、春巻きを作るわけじゃないので大丈夫。そのまま具と一緒に食べれば同じだよ〜。

砂抜き、殻むきなんてNo、No！ えびとあさりを使い倒す！

砂抜き不要のあさりも、殻むき不要のえびも、どっちも最高ー！ それぞれピラフと炊き込みごはんにしてみたのだけど、しっかりだしがでてうまうま。見た目は小ぶりだけど実力はすごいです！

のばしえびは今回とくに詳しいレシピを紹介していません。というのも、アレンジしなくても存在感がすごいの〜。まっすぐにのばされ、尾だけ残したむき身の形状は、熱を加えてもまっすぐそのまま、ドーン！ と迫力あり。えび天やえびフライを作るときに実力を発揮するはず。Mサイズより割高なLサイズを選んでも、すべて処理した手間賃を考えたら安い、安い!!

あさり…えび…食べたいニャ
でも…下処理がめんどうニャア〜
そんなときも業務スーパー！あさりの砂抜き済んでます！
思い立ったらすぐに飲める
爆速！あさり汁
殻付あさり
アクアパッツァ・ボンゴレにも
冷凍のまま
小パック1
水
2カップ
酒大さじ1
1 材料を入れて火をつける
2 あさりの口が開いたらだしのもと小さじ1 塩少々を加え味を整えてアクをすくう
3 仕上げの香りづけに醤油少々を入れ、すぐ火を止める
完成
しみるぅ〜

まだまだ業務スーパーのあさりのよさ語らせてっ

さっき紹介したのは殻つきだけど

むいたのもあるんです

クラムチャウダー

かきあげにも♥

こんなに入って398円✨

この手間誰がかけてくれたの〜〜♡♡

深川丼だってできちゃう

むきあさりを醤油で煮て佃煮にも〜✨ レシピはP.102

Lサイズ

冷凍のばしえび

「えびの殻むくのめんどいですし〜」にはコレ

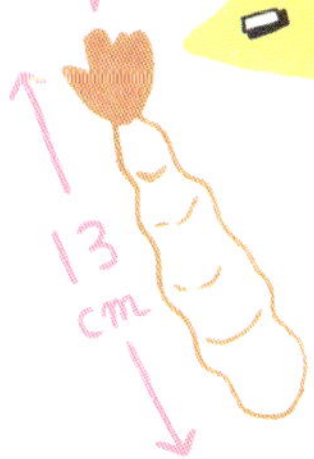

わた取ってまっすぐのばしてあるやつ〜！

えび天の揚げる前の状態にしてくれてるぅ〜!!!

20尾入って300円台

天ぷら粉を水で溶いたやつで揚げるだけ♡

天ぷらにするときは解凍してから使うこと

むきえび

大粒タイプもあるよ

人気のえびはほかにも商品バリエーションが✨
ピラフや炒飯はむきえび。
えびチリには大粒を〜！

レシピは次のページへ！

ぜんぶ入れてチンするだけ。
朝食にもオススメ

レンチンチャウダー

材料（1人分）

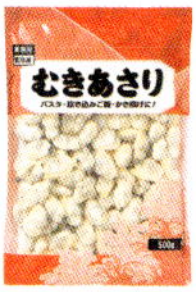

冷凍むきあさり……30g
冷凍ミックスベジタブル……大さじ2
牛乳……150ml
コンソメ（顆粒）……小さじ1/4
バター……小さじ1/2
塩・こしょう……各少々

作り方

1 マグカップにすべての材料を入れ、電子レンジで2分半加熱する。

牛乳が吹きこぼれることがあるので、お使いの電子レンジに合わせて加熱時間を調整してくださいね。

1人分 38円

1人分 73円

即席で作る料亭の味

あさりの佃煮

材料（作りやすい分量）

冷凍むきあさり……300g

〈煮汁：A〉
醤油……大さじ4
みりん……大さじ4
酒……大さじ4
砂糖……大さじ1
しょうが（せん切り）……1かけ

作り方

1 鍋にAを入れ煮立たせる。
2 むきあさりを加え弱火で15分ほど煮る。

市販の佃煮よりあっさり仕上げです。しょうがにも貝のエキスがしみしみで、これまたうまし！ 多めに作って冷凍保存も可能。

飲み干したくなる
絶品スープ

殻付きあさりの塩ラーメン

材料（2人分）

殻付あさり

中華麺
……2玉

冷凍殻付きあさり
……2パック

白だし……大さじ4

水……1カップ

塩・こしょう……各適量

長ねぎ（白髪ねぎ）
……少々（あれば）

作り方

1 麺は表示どおりゆでて、水けをきっておく。

2 鍋に白だし、水、あさりを入れて火にかけ、塩・こしょうで味をととのえる。

3 丼に**1**、**2**を盛り付け、お好みで白髪ねぎをのせていただく。

1人分 **112円**

あさりのだしを味わうため、白だしのみのシンプルな味つけにしています。飲んだ後のメにも食べたいラーメンです。

これもお酒を飲んだメに
最高ですよ〜。
貝のエキスが沁みる…

超コスパ！
えび多めにできるのは
自炊ならでは

炊飯器で炊き込みえびピラフ

材料（作りやすい分量）

米……2合
冷凍大粒むきえび
……200g
冷凍ミックスベジタブル
……半カップ
コンソメ（砕いて入れる）
……2個
塩・こしょう……各少々
バター……大さじ2
パセリ（みじん切り）……適量
（あれば）

1人分 **130円**

作り方

1 炊飯器にバター、パセリ以外の材料を入れ、2合より少しだけ少なめに水を入れて炊飯する。

2 炊けたらバター、お好みでパセリを加え混ぜ合わせる。

えびとミックスベジタブルから水分がでるので、規定量よりやや少なめの水で炊飯してパラパラ感を再現しています。

これもお伝えしたかった！

えびの存在感を生かしたい料理には業スー「のばしえび」がオススメ。まっすぐに伸ばした状態で、尾だけ残したむき身で冷凍されています。解凍してそのままえび天にすると…ピーンとのびた立派なえび天の完成！

一口かむと
ジュワ〜っと肉汁

包まない えび シュウマイ

1人分 **151**円

玉ねぎとしいたけに片栗粉をまぶすと水分がでるのを抑えられジューシーに仕上がります。からし醤油はもちろん、なにもつけずに食べてもおいしいよ。

材料（作りやすい分量）

冷凍むきえび
（粗く刻む）……150g

豚ひき肉……200g

冷凍刻み玉ねぎ
……100g

しいたけ（みじん切り）
……2枚

片栗粉……大さじ1

焼売の皮（縦6等分の細切り）
……1袋

〈味つけ：A〉

- おろししょうが……少々
- 醤油……小さじ2
- 酒……小さじ2
- ごま油……小さじ2
- 塩・こしょう……各適量

作り方

1. ボウルに玉ねぎ、しいたけを入れ片栗粉をまぶしておく。
2. 1にひき肉、えび、Aを加えて粘りがでるまでこね、4cm大に丸める。
3. 2に焼売の皮をつけて蒸す。竹串で差し、肉汁が透明だったら完成。

ポイント

包むの面倒ですよね〜。転がして作りましょう！　細切りにした焼売の皮を広げ、その上で肉ダネを転がすようにしてつけるとやりやすいです。

夜食に、子どものおやつに……。小腹がすいたときのお助け食品

「天然酵母食パン」をはじめて食べたとき、もっと早く試せばよかったと後悔!!　生地がほんのり甘くて、フカフカ。1・8斤で228円だなんて安うますぎだー。「朝の輝き」も生地がきめ細かくて、トーストにぴったりなんだなぁ。本書のサンドイッチレシピはぜひ業スーの食パンを使ってみて。

「即席はるさめ」は鳥の巣のような形が特徴。これがマグカップに入れやすく、お湯を注いでも湯から春雨が浮き出ないのです。完成まで3分。これってコンビニで売っているカップ入り春雨スープと同じ……なのに1食20円せずに作れるからかなりよいと思うのです。

朝から晩まで使いまくりたいのが
「朝の輝き食パン」
な、なんと
1斤65円
6
朝の輝き
小麦本来の風味 旨みを味わえます。
6枚切り
一般的なスーパーの特売価格よりも安い！しかもいつでも
この値段!!
4枚切り
5枚切り
6枚切り
8枚切り
4パターン
6枚切りなら
1枚約11円♡
買うしかない!!
きめ細かくてサックリしてるからトーストにぴったりニャ〜
ほんのり甘ーい

1日約1万本以上製造する**大ヒット！**

天然酵母食パン

天然酵母食パン

シンプルイズザベスト 名古屋のモーニング風

あんバタートースト

あんこも業務スーパーで入手可能

こちらはふんわり食感

あとね〜

食パンにホットケーキミックスをつけて揚げるとお腹いっぱいになりますよ♡

炭水化物を炭水化物で迎えるやつニャ

焼きおにぎり

1個約36円！コスパ最高

子どもの「もっと食べたい」に応えられる！いくらでもあげられる食欲に応えるコスパ

焼きおにぎり
8個(入)

小腹がすいたとき
夜食に

罪悪感の少ない大きさもgood！

私はピザにしちゃいま〜〜〜す！

レシピはP.110

冷蔵庫にあると安心な

冷凍ワッフル

おやつや食事、どちらにもいけちゃう♡

Belgian Sugar Waffles
ベルギーワッフル

春雨系

繭玉状の春雨はカップスープに入れたり使い勝手バツグン

戻さずそのまま使えるものも♡

即席はるさめ

大人向けはコレ

焼いて…

鮭フレーク（P.78）をトッピングしてお茶漬けに♡

レシピは次のページへ！

天然酵母食パン、朝の輝きパンは一部の地域や店舗のみでの取り扱い商品です。

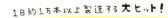

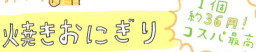

甘い生地×ベーコンが
ベストな組み合わせ

甘じょっぱ系お食事ワッフル

材料（2人分）

冷凍ベルギーワッフル
（自然解凍しておく）……2枚

卵……2個
ベーコン
（食べやすい長さに切る）……2枚
サラダ油……適量

作り方

1 ポーチドエッグを作る。フライパンにサラダ油をひき、カリカリになるまでベーコンを焼く。

2 ワッフルに1のベーコンとポーチドエッグをのせて完成。

これはベーコンエッグパンケーキのワッフル版。ワッフルをトースターで焼くと、より外側サクッ、内側ふんわり、を楽しめます。

1人分
120円

スー子の裏技

コーヒーフィルターを使った手間抜きポーチドエッグの作り方を紹介します。①フィルターに卵を割り入れ、はみ出さないように口を折る。これで白身が崩れにくくなる。②鍋にお湯をわかし、1を入れる。③弱火で加熱し、途中上下をひっくり返しながら5分程度加熱すれば完成！

すぐできるから
食べたいときが作りどき！

あんバタートースト

材料（作りやすい分量）

天然酵母食パン……適量
あずき缶……100g
バター……15 g

作り方

1 天然酵母食パンは食べたい厚さに手でちぎり、包丁で格子状に切れ込みを入れる。

2 1をトーストし、あずきをたっぷりのせバターを中央にのせる。

パンは包丁で切らずに手で割きましょう。パンの表面に凹凸ができ、焼くと外側サクサク、中もっちり!

1人分
80円

1人分
23円

この春雨の形、まるでマグカップに入るために生まれてきたかのよう……便利すぎます。ダイエットや小腹がすいたときのおやつ代わりにオススメ。

お弁当のお供に常備したい！

繭玉春雨のマグカップスープ

材料（1人分）

即席はるさめ……1玉
乾燥わかめ……少々
牛だしの素……小さじ1
塩・こしょう……各少々
水……200ml

作り方

1 すべての材料をマグカップに入れ、電子レンジで3分加熱する。さらに3分待って完成。

見た目はおにぎり
味はピザ

焼きおにぎりで ツナマヨ コーンピザ

材料（2人分）

焼きおにぎり

冷凍焼きおにぎり
……1袋

〈ツナマヨコーン・**A**〉
- ツナ缶（油をきっておく）……1缶（70g）
- コーン……適量
- マヨネーズ……適量
- 塩・こしょう……各適量

とろけるチーズ……適量

1人分 **117円**

ベースがおにぎりだから、小分けになっていてラクちん。米って腹持ちがよくて最高だ～。ランチはもちろん、お子さんがいるホームパーティにも！

作り方

1 **A**は混ぜ合わせておく。冷凍焼きおにぎりは表示どおり電子レンジで加熱しておく。

2 トースターにアルミホイルを敷きおにぎりを丸くなるように並べ、ツナマヨコーン、チーズをのせてトースターで焼く。チーズが溶けたら完成。

焼きおにぎりの、
片手で軽くつまめる
サイズもいいんです！

コチュジャンベースの
甘辛い味。ハフハフ
しながらほおばって！

トックで作るラッポギ

材料（2人分）

トック（ぬるま湯につけておく）……150g
キャベツ（ざく切り）……1/4個
にんじん（斜め薄切り）……1/2本
さつま揚げ（1cm拍子切り）……2個

〈スープ：A〉
- コチュジャン……大さじ3
- **牛だしの素**……大さじ1
- 水……500ml

インスタントラーメン（麺だけ）……1袋分
ゆで卵……2個
ごま油……適量
粉チーズ……適量（好みで）

作り方

1 フライパンにごま油をひき、野菜、さつま揚げ、トックを炒める。
2 Aを加えひと煮立ちさせたら麺を入れ、ふたをして3分蒸し焼きにする。
3 麺がやわらかくなったらよく混ぜ合わせ、丼に盛る。ゆで卵をのせ、お好みで粉チーズをふりかける。

本来はトッポギで作りますが、トックで代用しました。原料は同じだからあるものを使えば問題なし！それが業スー商品を使い切るコツだ！

1人分
133円

これもお伝えしたかった！

韓国の牛だしといえば「ダシダ」ですが、私は「牛肉だしの素」派。「ラッポギ」とはラーメンとトッポギを甘辛いソースで味つけした韓国のB級グルメ。食事としてはもちろん、おやつとしても人気があります。

知る人ぞ知る人気商品！ Column

日用品セレクション 2

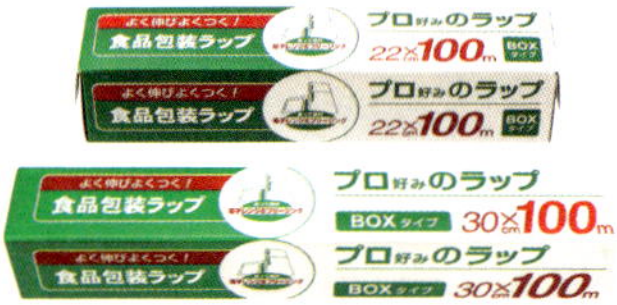

うっかり食器を倒しても安心。伸びがよくしっかり密着するのでラップしていることがわからないぐらい。

密着度、汁漏れ防止力もプロ級！

プロ好みのラップ

「一度使うと、もうほかのは使えない！」と言われるほどファンが多い業スーのラップ。人気の秘密はその密着度にあります。陶器はもちろんさまざまな食器や調理器具にピタ～ッとくっつき、液漏れを防止。この快感は一度使うとハマります！ 幅は15cm、22cm、30cm、45cmの4種類。長さも100m（45cmは50m）とコスパも最高！

ウイルス対策が気になる昨今の必需品

ポリエチレングローブ

1枚 1.4円

除菌・衛生対策が欠かせない昨今、100枚入り約140円と気兼ねなく使える低価格がありがたい～。食品衛生法に適合しているので食品にも使えます。表面がエンボス加工されているので取り出しやすく、すべりにくい、さらに指先にしっかりフィットする、といいことずくめ。簡単なふき掃除などにも使えます。

肉を切るときに左手にはめて肉を固定したり、切った食材をつかんで鍋に入れたりするときにも便利。

Chapter

3

味のグレード
アップ編

19
レシピ

特別な技術は不要！
プラス1アイテムで
プロの味

もう涙はいらない！ 時間もいらない！
便利な玉ねぎ3兄弟

きっと食のプロたちも玉ねぎを刻んだり、飴色に炒めたりするって大変ですよね？ さすが、業スー！ 刻み、スライス、飴色（ソテー）、フライド……あれば便利な状態がぜんぶ揃ってました！ とくにオニオンソテーは強くオススメ。あるオニオングラタンスープのレシピだと4人分作るのに玉ねぎが2個必要。だとすると玉ねぎは100g、業スー商品は1袋500g入りだから10個くらいは使っていそう（スー子予想）。すばらし～。

フライドオニオンはホットドッグやサンドイッチにぜひ。余計な水分を吸ってくれて、水っぽくならないし、コクもでてウーマイベイベーだよ。

ちょっと味が決まらないとか
深みが出ないとか
そんな家庭料理の悩みありませんか？
そんなときは玉ねぎシリーズ！
玉ねぎのおいしさをラクして取り入れられる商品ありますよ！
自分でやったら全部めんどいやつニャ！

便利すぎ！ 玉ねぎ3兄弟

冷凍オニオンソテー

カレー・シチュー・ハンバーグに！
オニオンソテー
500g

家で作ろうとしたら1時間はかかりますよコレ!!

じっくり炒めた
いわゆるあめいろ玉ねぎです♡

オニオンソテー

500gって使い切れる？ 多くニャイ？
カレーに入れても余りそうニャ

大丈夫！
何にでも入れて！
何でもおいしくなるっ

たとえば
ハンバーグ　チーズトースト　キッシュ　などなど★

＼香ばしさを足したいときは…／

フライドオニオン

業務用
TOP
クリスピー
フライドオニオン
Crispy Fried Onions
1kg

ラーメンやサラダにも♪
ハンバーグのタネに
炒めた肉の上にのせてもグッド

細かく刻んだ玉ねぎを
カリッと香ばしく揚げたもの♡
✦うま味が強い✧のでなんてことない料理にひとかけ✧

＼ツナサンドに入れると超うまいです！／

フライドオニオン
タバスコ
マヨネーズ
ツナ

＼皮むき＆みじん切りされてる♡超時短！／

冷凍刻みたまねぎ

刻み
たまねぎ
500g

急速冷凍しているので
使いたい分だけ取り出せる★
パラパラ状態！

もう涙はいらな〜い♫

歌いだした

みじん切りの涙から解放される
うれしすぎる商品〜〜〜♫

ミートソースにオムレツ、コロッケなど
作るのが大変系も一工程省略できて

サイコーー！

レシピは
次のページへ！

玉ねぎが香ばし、うまし！
手間なしの肉おかず

フライド オニオン ハンバーグ

切る、炒めるプロセスを思い切って省略。みじん切り玉ねぎをフライドオニオンで、卵はマヨネーズで代用しました。

材料（2人分）

クリスピー フライドオニオン……1/2カップ（70g）
合挽き肉……250g

マヨネーズ……大さじ1
塩・こしょう……各少々
サラダ油……適量
ケチャップ、マスタード……各適量（お好みで）

作り方

1 すべての材料をこねて2等分し、それぞれ丸く成形する。

2 フライパンにサラダ油をひき、1を片面ずつ焼く。肉汁が透明になったら完成。皿に盛り、お好みでケチャップやマスタードをかけていただく。

1人分 165円

ポイント

イメージはアメリカのハンバーガーのパティ。あえてつなぎを入れず、肉々しさを味わいます。生地は少し硬めだけどかみしめるほどにワイルドな味わいだぜ〜。表面が焦げそうになったら、水を少し加えて蒸し焼きにしてください。

お好みでケチャップやマスタードをかけてどうぞ。

サクッ、ホクッの
おいしいハーモニー

さらに時短のスコップコロッケ

材料（2人分）

冷凍刻み玉ねぎ……100g
冷凍ポテト……500g

合挽き肉……150g
塩・こしょう……各適量
パン粉……適量
オリーブオイル……適量
サラダ油……適量

作り方

1 冷凍ポテトは表示どおり電子レンジで加熱しておく。

2 フライパンにサラダ油をひき、ひき肉、玉ねぎを炒め、塩・こしょうで味をととのえる。肉に火が通ったら**1**を加え、ヘラで粗くつぶしながら混ぜ合わせる。

3 グラタン皿に**2**を入れパン粉をまぶし、上からオリーブオイルをまわしかけトースターで焼く。パン粉がきつね色になったら完成。

1人分
131円

丸めない、揚げない、スコップコロッケをより簡単に。玉ねぎを刻む、じゃがいもの皮をむいてゆでる、のもやらなくていいんだよ～。

とろ〜りチーズと
玉ねぎの甘み

すぐでき！オニグラスープ

オニオンソテー

オニオンソテーにうま味があるから、コンソメだけで奥深い味になります。フランスパンはぜひトーストを。カリッとろで断然おいしい！

1人分
91円

材料（2人分）

冷凍オニオンソテー
（解凍しておく）……200g
水……2カップ
コンソメ（砕いて入れる）
……1個
塩・こしょう……各適量
フランスパン（3cm厚さ）
……2枚
とろけるチーズ
……2つかみ

作り方

1 鍋にオニオンソテー、水、コンソメを入れて煮立たせ、塩・こしょうで味をととのえる。フランスパンは軽くトーストしておく。
2 カップにスープを注ぎフランスパンをのせ、チーズをかけてトースターで焼く。チーズが溶けたら完成。

スープをたっぷり吸った
フランスパンがたまら〜ん

ふだんの味をワンランクアップ

オニオンソテー＆チーズのオムレツ

玉ねぎ＆チーズのコクとうま味がなんとも贅沢。小さめのフライパンで厚みを出しながら焼くのがコツ。

1人分
77円

材料（1人分）

冷凍オニオンソテー
（電子レンジで加熱しておく）……30g

バター……小さじ1

卵（溶いて、塩・こしょうしておく）……2個

塩・こしょう……各少々

とろけるチーズ……20g

作り方

1 熱したフライパンにバターを入れ、卵を半量流し入れて焼く。ふわっとしてきたら大きくヘラでひと混ぜする。

2 オニオンソテーとチーズを1の真ん中にのせて包む。

たっぷり食べたい朝食にも！

オニオンソテー＆チーズのトースト

1人分
102円

オニオンソテーは一部小分けにして冷凍しておくと便利。スー家ではレンチン解凍で手軽に使っています。

材料（1人分）

冷凍オニオンソテー
（電子レンジで加熱しておく）……40g

食パン（6枚切り）……1枚

とろけるチーズ……40g

ケチャップ……大さじ1

作り方

1 食パンにケチャップを塗り、オニオンソテーをパン全体に広げる。

2 とろけるチーズを1にのせトースターで焼く。チーズがこんがり焼けたら完成。

イタリア直輸入のパスタ、ソースはプロも絶賛！

世界各国からベストな商品を輸入している業スーだけあって、パスタは本場イタリアなどからの輸入品。ロングパスタからショートパスタまで、また、リングイネ、マカロニ、タリアテッレ……種類がありすぎて迷うほど！

スー家では5kg入りのビッグサイズを愛用しています。大食い2人家族なので通常サイズだとすぐなくなっちゃう。それにたくさん食べたい〜。

冷凍トルティーヤは冷蔵庫で解凍し、1枚ずつはがして使います。そのとき、中心部がくっついていることがあるのでナイフで優しくはがすとうまくいきます。フライパンかレンジで軽く温めて使ってくださいね。

突然ですが！
世界粉もの紀行はじまりまーす
まずは イタリア
本場イタリアから直輸入な
とっても種類が多いです。
食べ比べが楽しい♡
REGGIA
Nutri
Penne Rigate
Spaghetti
PASTA VIETRI
おおう
REGGIA
Nutri Bio
Spaghetti
ロングパスタなら通常タイプに加え平打ちパスタに太打ちパスタまで♡
（もちもち感がサイコー！）
全部かーいっ
どこもおいしい
気になる？
どこのメーカーがおいしいかって？

オススメしたいのは
この大容量サイズ
5kgパスタ
たっぷりニャ
 というよりも！
PASTA REGGIA
KG.5 スパゲッティ
どんっ
お店でパスタ頼むと1人前約80gしかないけど
コレ買って自分で作ったら好きなだけ食べられる♡
200gペロリ〜
ショートパスタも豊富
特にこのペンネ！作りおきしてもおいしいのがポイント
REGGIA
合うソースはコレ↓
トリノで作ったトマト&イタリアンチーズパスタソース
ペンネ1袋に対して1瓶丸ごと使うのがベストバランス
大量に作れちゃうから夜作って残ったら朝ごはんにチーズをかけて焼いてアレンジも♡
翌日も・うまい
次は メキシコに行ってみましょう
トルティーヤ
生地をこねて薄く伸ばして
焼き上げた丸くて薄いパンのような
食べ物
LA CANASTA INTEGRAL
トルティーヤ
パンやピザ生地とも違ううまさ
ちなみに
アメリカからきた
タコスの皮はパリパリ
してて揚げてあるタイプ。
「ハードタコス」
「ハードシェル」って
呼ばれてます
メキシコはやわらかいタイプ。
「ソフトタコス」「ソフトシェル」って
呼ばれてます。
今回オススメしてるのは
こっちのタイプ！
へ〜！
タコスを作るしかない？いやいやありますよ！
トルティーヤ活用法
夜ごはんで残ったからあげ・ポテサラカレーなど…
とにかく残りものをくるりんパしてお口に放りこむだけ！
トルティーヤで包むといくらでもイケるニャ
伝えたいことは伝えた… 世界粉もの紀行おわり。

レシピは
次のページへ！

※トルティーヤはスペイン産、ハードシェルタイプのタコスはベルギー産です。

牛乳と仕上げのバターで
まろやかなコク

喫茶店の ナポリタン

1人分
79円

材料（2人分）

スパゲティ……200g
徳用ウインナー（斜め薄切り）……4本
玉ねぎ（スライス）……100g
ピーマン（細切り）……2個

サラダ油……適量
おろしにんにく……少々

〈味つけ：A〉
ケチャップ……大さじ5
中濃ソース……小さじ1
牛乳……大さじ3
コンソメ（砕いて入れる）……1個

バター……20g
オリーブオイル……大さじ1

作り方

1 スパゲティは表示どおりにゆで、オリーブオイルをからめておく（先に作っておいてOK）。
2 サラダ油をひいたフライパンに野菜とウインナー、にんにくを入れ炒め合わせる。野菜がしんなりしたら、Aの調味料を加えさらに炒める。
3 2にスパゲティを加えて炒め、仕上げにバターを加えてよくなじませる。

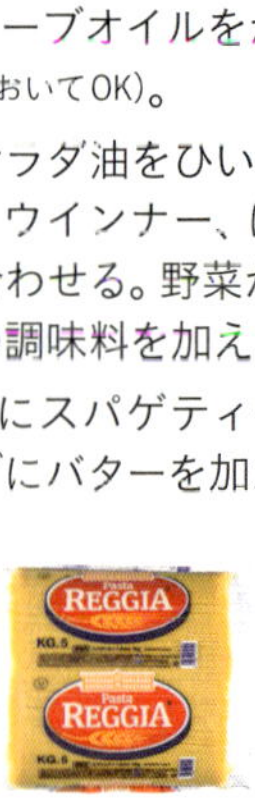

5kg入りも
ある！

玉ねぎ、ピーマンは冷食を使ってもOK。外国産の表面がザラザラしたパスタがオススメ。ソースがよく絡みます。

スー子の裏技

某高級ホテルの料理長が作るナポリタンはあえて前日にゆでたパスタを使います。これはパスタのでんぷんにたっぷりの水分を含ませてモチモチした食感に仕上げるため。喫茶店のナポリタンにアルデンテは求めない……なのでスー家も先にゆでます。

このペンネとソース、
ベストバランスすぎて驚愕！

ペンネと
パスタソース

材料（4人分）

ペンネ……1袋（500g）

**トリノで作った
トマト＆イタリアンチーズ
パスタソース**……1瓶（680g）

作り方

1 ペンネを表示どおりゆでて器に移し、パスタソースと和えるだけ。

スー家は大食漢なので2人で完食してしまいますが、残ったらチーズをのせて焼いてグラタン風に。辛いもの好きなら、業スーのグリーンハバネロをぜひ。

1人分
98円

トルティーヤは大きすぎず、小さすぎず、サイズが絶妙。スー家では残ったおかずと一緒にチーズをはさんでブリトーにします。肉じゃがも合う！

1人分
95円

熱々のアボカドがクリーミー！

アボカドチーズの
ブリトー

材料（2人分）

冷凍トルティーヤ
（解凍しておく）……2枚

スモークチキンスライス（さいの目切り）
……4枚

アボカド（さいの目切り）……1/2個

とろけるチーズ……60g

作り方

1 トルティーヤにチーズ、アボカド、スモークチキンをのせ、半月状に折りたたむ。

2 1をフライパンにのせてから火をつけ、弱火で両面焼く。中のチーズが溶けたら完成。

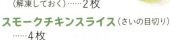

ひとふりで本場の味。さすが業スーの万能調味料！

業スーの万能調味料といえば、「姜葱醤《シャンツォンジャン》」の実力がやっぱりすごい！「姜葱醤」とは、すりおろししょうがにチキンエキスやねぎ油などを加えた調味料で、薬味とするもよし、炒め物やスープに加えるもよし。肉ダネの下味にもいいんです。餃子を作ったら、ちょっとしたお店の味だったな〜。いつもの料理に加えるだけでおいしくなるから、あえて「姜葱醤」のレシピは紹介していません。まずはなんにでもかけたり、加えたりしてみて！

肉好きの人には中華調味料（クミンベース）をオススメします。羊肉のようなクセのある肉にも合うし、肉全般をおいしくしてくれる魔法の調味料だよ〜。

エントリー No.1

バーベキューソース

スモーク風味と少し酸味のある甘めの味わい。スペアリブを皿に盛ったらソースを追い足しして、こてこてにして食べてほしい！ そのくらいソースがおいしい。

こんな料理に

・チキンナゲットやハンバーグのソースとして。
・パイナップルを漬け込んで焼いても。鶏肉や豚肉と一緒に炒めるとハワイアンな味わい。

エントリー No.3

中華調味料

本格
中華調味
クミンベース
60g
本格
粉末タイプ
中華調味料
甘辣ベース
肉や海鮮を漬け込んで焼くだけ!
60g

クミンベース（緑）と甘辣ベース（赤）の2種類あり、赤いほうが辛さは強め。緑はスパイス感が強く、肉とよく合います。安い肉もこの調味料に漬け込むだけでうま味が段違い！

こんな料理に

・フライドポテトにもよく合う。フリフリしていただきます。

こま肉や薄切り肉に
中華調味料(赤)を
まぶして
しばらく
寝かせてから焼くと
ゲキウマー!
本格
中華調味料

エントリー No.2

姜葱醤

姜葱醤《ジャンツォンジャン》
葱と生姜が香る
万能調味料
内容量
180g

すりおろししょうがベースの万能調味料。食材のうま味を引き出しつつ、肉や魚の臭み消しの役割も。ほんのり香るねぎ油が食欲をそそります。和・洋・中を問わず使えて、コクとうま味をプラスします。

こんな料理に

・餃子や蒸し鶏などの、つけだれの薬味に。すりおろししょうがを添える要領で冷ややっこにも。
・炒め物やスープに。
・餃子などの肉ダネ、からあげの下味に。

スー子の裏技

これぞ究極の極貧飯、給料日前はこれに限るー！　卵かけごはんに姜葱醤をのせて食べるだけ。姜葱醤に味がついているのでそのままでも、もちろん醤油を数滴たらしてもOKです。コクのレベルが段違い、おいしすぎて神々しささえ感じる究極飯です。

ふりかけるだけで
本格的なインド料理

タンドリーチキン

クミンベースの中華調味料なので、「中華」というよりエスニック風味。スパイシーで、これがいかにもインド料理っぽい味つけになります。

材料（2人分）

手羽元……10本

〈漬け込み液：A〉

- **中華調味料**（緑）……大さじ1
- ケチャップ……大さじ2
- プレーンヨーグルト……大さじ3

レモン（くし切り）……適量（あれば）

パクチー……適量（あれば）

1人分
224円

作り方

1 ポリ袋に手羽元、Aを入れてよくもみ込み、常温に10分置いてなじませる。

2 1を魚焼きグリルで弱めの中火で焼く。皿に盛り、お好みでレモンとパクチーを添える。

ポイント

漬け込み液は、中華調味料1：ケチャップ2：プレーンヨーグルト3の割合なら倍量にしても、半量にしてもOK。長時間漬けても味が濃くなったりはしませんが、10分以上漬ける場合は冷蔵保存してください。

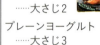

鶏肉入りでボリューミー！
フライドオニオンで
香ばしさをプラス

炊飯器で チキンビリヤニ

1人分 **41円**

なんちゃって、だけど家で作るなら十分合格点!? 炊飯器からスパイシーないい香りが漂ってきて思わず「腹減ったー!!」と叫んだス一子でした。

材料（作りやすい量）

鶏もも肉（一口大に切る）……1枚（200～250g）
米（研いでおく）……2合

〈漬け込み液：**A**〉
中華調味料（緑）……大さじ2
カレー粉……大さじ1
プレーンヨーグルト……大さじ3

コンソメ（砕いて入れる）……1個
にんにく（つぶしておく）……1かけ
クリスピーフライドオニオン……大さじ4
イタリアンパセリ……適量（あれば）

作り方

1 ポリ袋に鶏肉、**A**を入れてよくもみ込み、冷蔵庫で20分寝かしておく。
2 炊飯器に米と水（分量外）をいつもより若干少なめに入れ、砕いたコンソメ、にんにく、**1**を加え炊飯する。
3 炊けたらフライドオニオンを加え、よく混ぜ合わせる。皿に盛り、お好みでイタリアンパセリをのせる。

フライドオニオンがいい仕事をするから、省かずに入れてくださいね～

冷凍ブロッコリーを使い
包丁なしで作る

ブロッコリーと豚肉炒め

肉と野菜を炒めながら調味料をふりかけると焦げやすく、味ムラになりやすいので、短時間でも漬け込むことをオススメ。

材料（2人分）

豚こま肉……250g

中華調味料（赤）……大さじ1と1/2（20g）

冷凍ブロッコリー……半袋（250g）

水……大さじ1

サラダ油……適量

作り方

1 豚肉に中華調味料をまぶし、しばし寝かせる。

2 フライパンにサラダ油をひき、1とブロッコリー（凍ったまま）を炒める。途中焦げつくようなら水を加える。

1人分 157円

ポイント

じつはこれ……分量を計らなくてもおいしく作れます。それだけこの「中華調味料」の実力がすごいってこと。辛みがあるので、最初は肉に少しだけまぶして自分好みの量を探ってみて。からあげにまぶすと某フライドチキンのホットチキンになります。

ほんのり辛い！
が後を引く

スパイシー スペアリブ

材料（2人分）

豚スペアリブ（骨付き）
……400〜500g

BBQ SAUCE

バーベキューソース
……100ml

タバスコ……小さじ2

作り方

1 ポリ袋にスペアリブとバーベキューソース、タバスコを入れ 半日漬け込む。

2 魚焼きグリルに1を並べ、弱火でじっくり焼く。途中、袋の中に残ったソースをスペアリブに塗ってさらに焼く。

たれが焦げるので弱火遵守！　調理用の刷毛を使って追いソースするのが簡単ですが、ない場合はスプーンの背で広げるようにして塗ればうまくいきます。

1人分 **252**円

下ゆでした大根や
パイナップルも一緒に漬けて
焼いてもおいしいよ！

手間抜きでこんな本格的な手作りデザートが楽しめる

業スーのスイーツといえば牛乳パック入りのスイーツでしょう。口を開けると、長方形のまま、どぅるん！　とでてくるその迫力たるや。斬新！
このまま食べてもいいけれど、いったん溶かしてババロア液やゼリー液にして使うのが楽しいよ。シンプルにかわいい型に入れ替えて固めるもよし、これならお子さんも調理に参加できるはず。
甘いもの好きのスー家では冷凍アマンディホイップクリームを常備し、あれこれのせて使っています。まだ解凍されてないのに、早く使いたいと袋の上からもみもみするのはホイップ好きの性。ですが、液状化してくるからもみもみ厳禁！

これぞ業務スーパー！な
デザート系商品はこれでしょう
紙パックデザート！
ぎっしり1kg入って250円前後！
（約7人分）
高コスパ♥
パックを開けるとすぐ食べられる～♥
どーん
杏仁豆腐
珈琲ゼリー
水ようかん
器に入れて
レンチンすると…？
なんとおしるこに
きなこをかけて食べると…？
黒糖わらび餅の味にニャった！
でしょ～

まずは冷凍フルーツ
スムージーにはコレ→
チェリー入りミックスベリー
内容量500g
カットマンゴー
500g
Seedless Grapes
ラズベリー サワーチェリー ブラックベリー ストロベリー 入り♡
そして！
冷凍デザートを活用しない手はなーい！
＼超カンタン！お子さんとぜひ♡／
ふりふりアイスクリーム
レシピはP.135
牛乳パックに材料をすべて入れてふって冷凍するだけ！
楽しいニャ〜
ふり
ふり
冷凍フルーツ
ビスケット
加糖入り生クリーム
おいしい牛乳
＼食べるときは牛乳パックごと切るのがポイント!!／
キレイに切れるし溶けない断面が美しい
まだまだブームは終わってないっ！
意外と使えるタピオカ
Instant Tapioca
インスタントタピオカ
ミルクティーはもちろんじつは炭酸ジュースに入れてもおいしい♡
かわいい〜
そしてそして
デザートピザに使ったらおいしかった！
その名もタピッツァ！
甘い↓塩っぱい↓甘いのループニャ〜〜！
タピオカの革命ーー！

レシピは
次のページへ！

市販のロールケーキが
パティシエ作に
早変わり！

チョコレート ババロア ケーキ

1人分
75円

材料（1人分）

チョコババロア
……200g

ロールケーキ（市販品）
……1切れ

ココアパウダー
……適量（あれば）

作り方

1 耐熱容器にババロアを入れ、ふわりとラップをして電子レンジで2分加熱する。

2 1の上にロールケーキをのせ、粗熱がとれたら冷蔵庫で1時間冷やし固める。

3 2を平皿にひっくり返し、お好みでココアパウダーをふりかける。

ココアパウダーをかけるとほろ苦い大人味のデザートに。赤ワインにも合います。お好みでミントの葉をのせてもおしゃれ！

スー子の裏技

ロールケーキは1袋に数切れ入った市販品を使いました。溶かしたババロアの上にのせ、冷やし固めながらチョコババロアをスポンジに染み込ませるイメージ。容器をひっくり返すとロールケーキが土台になります。容器はロールケーキの直径が収まるサイズであれば大丈夫です。

※チョコババロアは季節限定商品です。

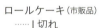

しょうがシロップで
いただく

薬膳風の
杏仁豆腐

しょうがシロップをかけてみたら大正解。ピリッとスパイシーなシロップは多めに作って保存も可能。紅茶や炭酸水で割ってもおいしいよ！

1人分 **36円**

材料（作りやすい分量）

杏仁豆腐……1本

〈**しょうがシロップ：A**〉
- しょうが（薄切り）……1かけ
- 砂糖……30g
- 水……1カップ

クコの実……少々（あれば）

作り方

1. 小鍋に**A**を入れ弱火で加熱し、しょうがシロップを作る。完全に砂糖が溶けたら冷やしておく。
2. 器に杏仁豆腐を入れて**1**をかけ、お好みでクコの実を盛り付ける。

ポイント

あくまで薬膳風だけど、ほんのりピリッとスパイシーなしょうががさわやかでいい。とくに夏にオススメ！
杏仁豆腐の甘さだけで十分だったら、しょうがシロップの砂糖を少し減らして作っても大丈夫です。

だまされたと思って
食べてほしい！

甘じょっぱタピッツァ

1人分
131円

タピオカは焼いても硬くならず、ずっとモチモチのまま！チーズ＆メープルシロップの甘じょっぱ味が最高。商品化してほしい！（真顔）

材料（作りやすい分量）

冷凍ピザクラフト……1枚（19cm）
冷凍タピオカ……20g
メープルシロップ……適量
とろけるチーズ……適量

作り方

1 タピオカを表示どおりにゆで、水けをきっておく。
2 ピザクラフトにチーズとタピオカをのせ、チーズがこんがりするまでトースターで焼く。皿にのせ、メープルシロップをまわしかける。

これもお伝えしたかった！

業スー「ケーキシロップ メイプル風味」は買うべし！です。プリンやフレンチトースト、アイスクリーム…どれにも合う。揚げたさつまいもにかけて、絡ませると大学芋になる！

材料を合わせて、
とにかくふるだけ

ふりふり アイスクリーム ケーキ

ビスケットがスポンジ代わり。食感のアクセントにもなります。加糖タイプの生クリームを使うので砂糖は加えませんが、十分な甘さです。

1人分 74円

材料（作りやすい分量）

冷凍ミックスベリー……150g

生クリーム（加糖）……1カップ

ビスケット（市販品、粗く砕く）……10枚

1ℓ牛乳パック（洗って乾かしおく）……1個

作り方

1 牛乳パックに生クリームとフルーツ（凍ったまま）を入れ、口をしっかりつまんで50回上下にシェイクする。

2 口を開けてビスケットを入れ、再度口をしっかりつまんでシェイクする。チャプチャプ音がしなくなったら口を閉じたまま牛乳パックの底を数回テーブルにトントンし、中の空気を抜く。

3 立てたまま冷凍庫で6時間冷やし固める。固まったら包丁で牛乳パックごと切り分けて、皿に盛り付ける。

ポイント

牛乳パックをふってチャプチャプした音が消え、もったりした感じになったら冷やし時。フルーツやビスケットがうまく混ざらない場合は菜箸やスプーンなどを使いましょう。でも、しっかりふると混ざるはず！ 無糖の生クリームを使う場合は、砂糖を大さじ2加えてください。

肉厚マンゴーをほおばる幸せ！

フルーツ
トライフル

1人分
94円

器に積み重ねるだけなので、デコレーションが苦手な人にもオススメ。「バナナスペシャル」はコーヒーなど、何味でもOKです。

材料（作りやすい量）

冷凍マンゴー（カットマンゴー）……適量
冷凍アマンディホイップ……適量
バナナスペシャル（ロールケーキ、市販品。一口大にちぎっておく）……1袋

作り方

1 透明な器にバナナスペシャル、マンゴー（凍ったまま）、ホイップの順で何層かになるように入れる。

欲望の量だけクリームをのせて

ウインナーコーヒー

材料（作りやすい量）

冷凍アマンディホイップ
……好きなだけ
お好きなコーヒー……カップ1杯

作り方

1 コーヒーを入れ、好きなだけホイップクリームを絞り入れる。

1人分
40円

気兼ねなく、好きなだけ生クリームを入れられる幸せ……。カフェラテにホイップをたっぷりのせ、キャラメルシロップをかけてもうまし！

庶民派ケーキが
華麗に大変身！

デパ地下風
ロールケーキ

1人分
60円

材料（作りやすい量）

冷凍ミックスベリー……適量
冷凍アマンディーホイップ……適量
スイスロール（ロールケーキ、市販品）……1本
ミントの葉……適量（あれば）

作り方

1 スイスロールを手で解体し、長方形のスポンジに戻す。
2 ホイップクリームを塗り、ミックスベリー（凍ったまま）をのせ巻き直す。
3 巻き終わりを下にし、ホイップクリームとフルーツでデコレーションする。お好みでミントの葉をのせる。

巻き直すときにスポンジがひび割れしても大丈夫。生クリームで飾るので目立ちません。元が100円のロールケーキだなんて信じられます？

スー子の裏技

残ったケーキを保存する場合は、ロールケーキの四隅に爪楊枝を軽く突き刺し、その上からラップをかけるとデコレーションがくずれません。

食材別さくいん

※業務スーパーの商品は緑色の文字で記載しています。

●肉類・肉加工品

牛肉

韓国春雨でチャプチェ風（薄切り肉）……96
プルコギトック（薄切り肉）……97
ボリュームましまし
　コムタンスープ（薄切り肉）……97

鶏肉～ブラジル産鶏もも正肉（2㎏）ほか

どデカイからあげ（もも肉）……18
炊飯器で南海チキンライス（もも肉）……18
海老じゃないのYO!! 鶏チリ（むね肉）……19
ヨダレが止まらんよだれ鶏（むね肉）……20
奄美の鶏飯（むね肉）……21
冷凍ごぼうで時短鶏めし（むね肉）……67
ごぼうサラダのまぜごはん（ささみ）……84
ジューシー照り焼き
　チキンサンド（もも肉）……91
安いよね！ 鶏すき（もも肉）……92
グリーンカレーそうめん（もも肉）……98
包んで食べるトムヤムクン鍋（もも肉）……99
タンドリーチキン（手羽元）……126
炊飯器でチキンビリヤニ（もも肉）……127

豚肉

麻婆やきそば（ひき肉）……25
すき焼き風焼きうどん（こま肉）……26
冷しゃぶキャベツうどん（しゃぶしゃぶ用）……27
肉巻きフライドポテト（ばら肉）……53
かぼちゃのほうとう風（ばら肉）……66
ジューシー揚げなす
　そうめん（ばら肉）……69
オクラの肉巻き（ばら肉）……70
梁山泊の肉あんかけ炒飯風（ひき肉）……81
ごまドレで
　汁なし担々うどん（ひき肉）……90
揚げなすと豚の
　ごまドレ炒め（こま肉）……92
包まないえびシュウマイ（ひき肉）……105
ブロッコリーと豚肉炒め（こま肉）……128
スパイシースペアリブ（スペアリブ）……129

合鴨ロース（190g）

合鴨ロースの雑煮……43

こだわり生フランク ハーブ入り（10本）

エッグソーセージマフィン……32
手間いらずの時短ミートソース……33

スモークチキンスライス（1㎏）

スモークチキンのバインミー……43
アボカドのブリトー……123

徳用ウインナー（1㎏）

スパイシーミニドッグ……34
本当のタコさんウインナー……35
喫茶店のナポリタン……122

鶏とろ串（1100g 50本）※加熱済み

焼き鳥串の親子丼……38

鶏もも串（22g×50本）※加熱済み

焼き鳥グラタン……39
1人前だけレンチン茶碗蒸し……40
フライパンチーズダッカルビ風……41

煮豚

麺そーれ!! 沖縄そば風……24

ベーコン

うどボナーラ……29
甘じょっぱ系お食事ワッフル……108

冷凍合鴨パストラミ（190g）

合鴨パストラミのせ和風パスタ……42

冷凍牛豚合挽ミンチ（400g）

豚肉で青椒肉絲……74
パラパラミンチの麻婆春雨……75
ミックスベジタブルカレー……76
フライドオニオンハンバーグ……116
さらに時短のスコップコロッケ……117

冷凍肉だんご（500g）

王道のミートボール……77
肉だんごシチュー……77

冷凍豚ロースカツ（700g）

ソースしみしみカツ丼……50
厚さが絶妙！ カツサンド……51

冷凍ミートコロッケ（10個）

コロッケ卵とじ……50

●魚介類・魚介類加工品

赤魚（500g）

丸ごと赤魚の煮付け……57

白身魚のフィレ（500g）

白身魚のムニエルと
　カレーマッシュポテト……58

冷凍殻付あさり（150g×3）

殻付きあさりの塩ラーメン……103

冷凍さばフィーレ（450g）

巻き簀なしのさば棒寿司……56

冷凍白身魚フライ（500g）

白身魚のタルタルフィオレ……52

冷凍鮪たたき（250g）
まぐろユッケ……59
冷凍まぐろでねぎとろ丼……59
冷凍むきあさり（500g）
レンチンチャウダー……102
あさりの佃煮……102
冷凍むきえび（300g）
包んで食べるトムヤムクン鍋……99
炊飯器で炊き込みえびピラフ……104
包まないえびシュウマイ……105

●野菜類・果物（冷凍を含む）

アボカド
アボカドチーズのブリトー……123
きのこ類
安いよね！鶏すき（しいたけ）……92
包まないえびシュウマイ（しいたけ）……105
包んで食べるトムヤムクン鍋（しめじ）……99
キャベツ
すき焼き風やきうどん……26
冷やしキャベツうどん……27
スパイシーミニドッグ……34
トックで作るラッポギ……111
きゅうり
ヤムウンセン……91
ごぼう
安いよね！鶏すき……92
春菊
安いよね！鶏すき……92
しょうが
さといもとしょうがの炊き込みごはん……64
セロリ
包んで食べるトムヤムクン鍋……99
細切りたけのこ（水煮）（200g）
豚肉で青椒肉絲……74
グリーンカレーそうめん……98
玉ねぎ
ヤムウンセン……91
プルコギトック……97
韓国春雨でチャプチェ風……96
喫茶店のナポリタン……122
トマト
揚げなすの彩りメキシカンサラダ……68
ヤムウンセン……91
包んで食べるトムヤムクン鍋……99
にら
鶏そぼろで台湾まぜそば……81
韓国春雨でチャプチェ風……96
プルコギトック……97
にんじん
韓国春雨でチャプチェ風……96
プルコギトック……97
トックで作るラッポギ……111
ねぎ
青ねぎ玉（青ねぎ）……70
安いよね！鶏すき（長ねぎ）……92
ピーマン
喫茶店のナポリタン……122
レタス
ジューシー照り焼きチキンサンド……91
冷凍揚げなす乱切り（500g）
揚げなすの彩りメキシカンサラダ……68
ジューシー揚げなすそうめん……69
揚げなすと豚のごまドレ炒め……92
グリーンカレーそうめん……98
冷凍オクラ（500g）
オクラの肉巻き……70
冷凍オニオンソテー（500g）
すぐでき！オニグラスープ……118
オニオンソテー＆チーズのオムレツ……119
オニオンソテー＆チーズのトースト……119
冷凍かぼちゃ（500g）
かぼちゃとクリチのデパ地下風サラダ……65
かぼちゃのほうとう風……66
冷凍カーネルコーン（500g）
コーンの軍艦巻き……71
焼きおにぎりでツナマヨコーンピザ……110
冷凍刻みたまねぎ（500g）
手間いらずの時短ミートソース……33
ミックスベジタブルカレー……76
包まないえびシュウマイ……105
さらに時短のスコップコロッケ……117
冷凍ごぼうにんじんミックス（500g）
冷凍ごぼうで時短鶏めし……67
冷凍さといも（500g）
さといもとしょうがの炊き込みごはん……64
さといもミートグラタン……65
冷凍スライスたまねぎ（500g）
焼き鳥串の親子丼……38
焼き鳥グラタン……39
コロッケ卵とじ……50
フライドポテト肉じゃが……53
冷凍中華野菜ミックス
フライパンチーズタッカルビ風……41
冷凍パプリカ（500g）
豚肉で青椒肉絲……74
グリーンカレーそうめん……98

冷凍ピーマン（500g）
パラパラミンチの麻婆春雨……75

冷凍ブロッコリー
さば缶ペペロンブロッコリー……47
ブロッコリーと豚肉炒め……128

冷凍ポテト
焼き鳥グラタン……39
白身魚のムニエルとカレーマッシュポテト……58
さらに時短のスコップコロッケ……117

冷凍フライドポテト
～ナチュラルウェッジカット
フライドポテト肉じゃが……53
～シューストリングスカット
肉巻きフライドポテト……53

冷凍ミックスきのこ
合鴨パストラミのせ和風パスタ……42

冷凍ミックスベジタブル
ミックスベジタブルカレー……76
レンチンチャウダー……102
炊飯器で炊き込みえびピラフ……104

冷凍チェリー入りミックスベリー（500g）
ふりふりアイスクリームケーキ……135
デパ地下風ロールケーキ……137

冷凍マンゴー
フルーツトライフル……136

冷凍洋風野菜ミックス（500g）
肉だんごシチュー……77

●卵・乳製品

牛乳
レンチンチャウダー……102

卵
奄美の鶏飯……21
うどボナーラ……29
エッグソーセージマフィン……32
焼き鳥串の親子丼……38
1人前だけレンチン茶碗蒸し……40
コロッケ卵とじ……50
マグロユッケ……59
青ねぎ玉……70
鮭フレークでちらし寿司……80
鶏そぼろで台湾まぜそば……81
梁山泊の肉あんかけ炒飯風……81
メンマ玉子……86
甘じょっぱ系お食事ワッフル……108
オニオンソテー&チーズのオムレツ……119
白身魚のタルタルフィオレ……52
トックで作るラッポギ……111

チーズ
フライパン
チーズタッカルビ風（とろけるチーズ）……41
かぼちゃとクリチの
デパ地下風サラダ（クリームチーズ）……65
さといものミートグラタン……65
ポテサラでブラジル風
揚げ餃子（とろけるチーズ）……85
焼きおにぎりでツナマヨコーンピザ……110
すぐでき！
オニグラスープ（とろけるチーズ）……118
オニオンソテー&チーズの
オムレツ（とろけるチーズ）……119
オニオンソテー&チーズの
トースト（とろけるチーズ）……119
アボカドチーズの
ブリトー（とろけるチーズ）……123
甘じょっぱタピッツァ（とろけるチーズ）……134

生クリーム（加糖）
ふりふりアイスクリームケーキ……135

プレーンヨーグルト
タンドリーチキン……126
炊飯器でチキンビリヤニ……127

●豆腐・大豆加工品

豆腐
麻婆焼きそば（絹ごし）……25
安いよね！鶏すき（焼き豆腐）……92

厚揚げ
包んで食べるトムヤムクン鍋……99

●調味料

銀の胡麻ドレッシング（1ℓ）
ごまドレで汁なし担々うどん……90
揚げなすと豚のごまドレ炒め……92

グリーンカレーペースト（400g）
グリーンカレーそうめん……98

ココナッツミルク
グリーンカレーそうめん……98

ジューシーから揚げこれでい粉
たまり醤油味
どデカイからあげ……18

すき焼きのたれ（1216g）
すき焼き風焼きうどん……26
焼き鳥串の親子丼……38
コロッケ卵とじ……50
フライドポテト肉じゃが……53
さといもとしょうがの炊き込みごはん……64
ゴボウサラダのまぜごはん……84
ジューシー照り焼きチキンサンド……91
安いよね！鶏すき……92
プルコギトック……97

すりおろし玉ねぎドレッシング（1ℓ）
ヤムウンセン……91
タコスシーズニング
揚げなすの彩りメキシカンサラダ……68
中華甘酢あん（1165g）
王道のミートボール……77
中華調味料（クミンベース、甘辣ベース各60g）
タンドリーチキン……126
炊飯器でチキンビリヤニ……127
ブロッコリーと豚肉炒め……128
トムヤムクン鍋の素
包んで食べるトムヤムクン鍋……99
トリノで作ったトマト&イタリアンチーズパスタソース（600g）
ペンネとパスタソース……123
バーベキューソース（350g）
スパイシースペアリブ……129
焼肉のたれ
肉巻きフライドポテト……53
まぐろユッケ……59
オクラの肉巻き……70
韓国春雨でチャプチェ風……96
ルウ
ミックスベジタブルカレー……76
肉だんごシチュー……77

●総菜・練り物・そのほか

味付けメンマ（150g）
メンマ玉子……86
かにかまメンマ……87
糸こんにゃく
フライドポテト肉じゃが……53
稲荷揚げ
そば稲荷……24
ゴボウサラダ（1kg）
ゴボウサラダのまぜごはん……84
コムタンスープの素
ボリュームましましコムタンスープ……97
練り物
かにかまメンマ（かにかま）……87
ヤムウンセン（かにかま）……91
トックで作るラッポギ（さつま揚げ）……111
紅しょうが、甘酢しょうが
巻き簀なしのさば棒寿司……56
鮭フレークでちらし寿司……80
紅しょうがおにぎり……87
ポテトサラダ（1kg）
ポテサラでブラジル風揚げ餃子……85
なます
スモークチキンのバインミー……43

●缶詰・乾物・その他

オイルサーディン缶
オイルサーディンでキャンプ飯……47
かに缶
かに缶トマトクリームパスタ……46
鮭フレーク
鮭フレークでちらし寿司……80
乾燥わかめ
繭玉春雨のマグカップスープ……109
餃子の皮、焼売の皮
ポテサラでブラジル風揚げ餃子……85
包まないえびシュウマイ……105
クリスピーフライドオニオン（150g）
フライドオニオンハンバーグ……116
炊飯器でチキンビリヤニ……127
さば水煮缶
さば缶ペペロンブロッコリー……47
ツナ缶
ツナラーのパパッとうどん（ツナ缶）……27
焼きおにぎりでツナマヨコーンピザ……110
トック
プルコギトック……97
ボリュームましましコムタンスープ……97
トックで作るラッポギ……111
トマト缶
かに缶トマトクリームパスタ……46
春雨
パラパラミンチの麻婆春雨……75
ヤムウンセン（緑豆春雨）……91
～さつまいも春雨（100g）
韓国春雨でチャプチェ風……96
ボリュームましましコムタンスープ……97
～即席はるさめ（100g）
繭玉春雨のマグカップスープ……109
ビビンバ（300g）
辛うまビビンうどん……28
チャーハンの素（150g）
梁山泊の肉あんかけ炒飯風……81
鶏そぼろ（160g）
鶏そぼろで台湾まぜそば……81
干ししいたけ
奄美の鶏飯……21
ミートソース（袋、缶）
さといもミートグラタン……65

ミックスビーンズ
揚げなすの彩りメキシカンサラダ……68
ライスペーパー（22cm）
包んで食べるトムヤムクン鍋……99
わたりがにフレーク（120g）
かに缶トマトクリームパスタ……46

●麺類

インスタントラーメン
トックで作るラッポギ……111
きしめん
麺そーれ!! 沖縄そば風……24
かぼちゃのほうとう風……66
そば
そば稲荷……24
スパゲティ、ペンネ
手間いらずの時短ミートソース……33
合鴨パストラミのせ和風パスタ……42
かに缶トマトクリームパスタ……46
喫茶店のナポリタン……122
ペンネとパスタソース……123
そうめん
ジューシー揚げなすそうめん……69
グリーンカレーそうめん……98
中華麺
鶏そぼろで台湾まぜそば……81
殻付きあさりの塩ラーメン……103
焼きそば
麻婆焼きそば……25
冷凍讃岐うどん（200g×5食）
すき焼き風焼きうどん……26
冷しゃぶキャベツうどん……27
ツナラーのパパッとうどん……27
辛うまビビンうどん……28
うどボナーラ……29
ごまドレで汁なし担々うどん……90

●ごはん類

ごはん
炊飯器で南海チキンライス……18
奄美の鶏飯……21
ソースしみしみカツ丼……50
巻き簀なしのさば棒寿司……56
冷凍マグロでねぎとろ丼……59
さといもとしょうがの炊き込みごはん……64
冷凍ごぼうで時短鶏めし……67
コーンの軍艦巻き……71
鮭フレークでちらし寿司……80
梁山泊の肉あんかけ炒飯風……81
ゴボウサラダのまぜごはん……84
紅しょうがおにぎり……87
炊飯器で炊き込みえびピラフ……104
炊飯器でチキンビリヤニ……127
冷凍焼きおにぎり（70g×8個）
焼きおにぎりでツナマヨコーンピザ……110

●パン類

天然酵母食パン
あんバタートースト……109
食パン
厚さが絶妙！カツサンド……51
ジューシー照り焼きチキンサンド……91
オニオンソテー&チーズのトースト……119
冷凍トルティーヤ（全粒粉）
アボカドチーズのブリトー……123
冷凍ピザクラフト
甘じょっぱタピッツァ……134
その他
エッグソーセージマフィン（イングリッシュマフィン）……32
白身魚のタルタルフィオレ（コッペパン）……52
すぐでき！オニグラスープ（フランスパン）……118
スパイシーミニドッグ（バターロール）……34
スモークチキンのバインミー（フランスパン）……43

●お菓子・スイーツ

あずき缶
あんバタートースト……109
アマンディホイップフローズン（1000mℓ）
フルーツトライフル……136
ウインナーコーヒー……136
デパ地下風ロールケーキ……137
杏仁豆腐（1kg）
薬膳風杏仁豆腐……133
チョコババロア（1kg）
チョコレートババロアケーキ……132
ビスケット
ふりふりアイスクリームケーキ……135
冷凍インスタントタピオカ（300g）
甘じょっぱタピッツァ……134
冷凍ベルギーワッフル
甘じょっぱ系お食事ワッフル……108
ロールケーキ
チョコレートババロアケーキ……132
フルーツトライフル（バナナスペシャル）……136
デパ地下風ロールケーキ（スイスロール）……137

業務田スー子(ぎょうむだすーこ)

「毎日、何かしら業務スーパーの商品を食べている」と豪語する、業務スーパーの超ヘビーユーザー。2016年、日本中の業務スーパーを巡り、日々商品レビューをアップし続けている「業務スーパーの商品をレポートするブログ」を開設。たちまち話題となり、業務スーパー非公認大使として「ヒルナンデス！」(日本テレビ系)に出演ほどに。商品だけでなく、それらを使った超時短レシピがウケ、人気コーナーとなっている。著書に『業務田スー子のヒルナンデス！時短・爆安 神レシピ！』(ワニブックス)がある。

業務スーパーの商品をレポートするブログ
https://kenich1014.com/

びっくり業店！　業務田スー子の業スーブログ
https://ameblo.jp/suuko-gyomuda/

Instagram：suuko1014

家族《かぞく》ふたり、食費《しょくひ》は１か月《げつ》２万円《まんえん》!

業《ぎょう》務《む》スーパー120%《パーセント》活《かつ》用《よう》法《ほう》

2021年3月26日　初版発行

著者

業務田《ぎょうむだ》スー子《こ》

発行者

青柳昌行

発行

株式会社KADOKAWA

〒102 8177 東京都千代田区富士見2-13-3

電話0570-002-301(ナビダイヤル)

印刷所

大日本印刷株式会社

・お問い合わせ

https://www.kadokawa.co.jp/(「お問い合わせ」へお進みください)

※内容によっては、お答えできない場合があります。

※サポートは日本国内のみとさせていただきます。

※Japanese text only

定価はカバーに表示してあります。

ISBN 978-4-04-605123-3　C0077